마일리지 아워

마일리지 아워
Mileage Hour

최유나 지음

삶의 격을 높이는
인생 설계의 기술

북로망스

프롤로그

이 책을 쓰게 된 세 가지 이유

"변호사님 헤르미온느세요?"

제가 출연했던 방송 영상이나, 제 SNS에 이런 댓글이 정말 많습니다. 배우 엠마 왓슨을 좋아해서 가슴이 뛰었지만, 아쉽게도 외모에 대한 얘기는 아니었습니다. 영화 「해리포터」에서 헤르미온느가 시간을 되돌리며 잘 관리해 여러 수업을 듣고 과제를 한 것처럼, 여러 정체성으로 살고 있는 제가 어떻게 시간을 관리하는지 궁금하고 놀랍다는 의미였습니다.

만나는 사람들도 시간 관리 어떻게 하는지 알려 달라,

하루에 몇 시간 주무시냐, 밥은 먹고 다니냐, 등 시간에 대한 질문을 정말 많이 합니다. 시간 관리법에 대한 책을 써 달라는 요청도 수년 전부터 받았습니다. '나에게 정말 헤르미온느처럼 시간을 돌리는 기술이 있는 것도 아닌데 책 한 권을 채울 내용이 있을까?' 하는 생각에 출간을 고사해 왔습니다. 그런데 타의에 의해 자꾸만 시간과 최유나라는 키워드를 스스로 염두에 두며 살다 보니 타인이 나를 보듯 나 자신을 들여다보게 되는 경험을 했습니다.

'내가 하루를 어떻게 쓰고 있나? 왜 사람들이 나에게 그런 질문을 할까? 다른 사람들은 시간을 어떻게 쓰고 있지?' 특히 어떤 분야에서 성취를 해낸 사람의 시간 관리법이 궁금했고, 그들의 방법을 체화하려는 노력도 하게 되었습니다. 이렇게 수년 동안 스스로에게 질문하고 답하고 들여다보니 제가 시간을 되돌릴 수는 없어도 시간을 적립하려고 매일 애쓰고 있는 사람이라는 것을 알게 되었습니다. 이제는 '시간에 대한 책을 한 권은 쓸 수 있을 것 같다'라는 생각이 들기 시작해서 이번에는 제가 먼저 출판사의 문을 두드리게 되었습니다.

또 다른 이유도 있습니다. 어느 날 식당에서 밥을 먹고 있는데 귀엽고 앳된 소녀가 저를 보더니 화들짝 놀라며 다시 밖으로 나갔습니다. '뭘 놓고 왔나?' 하며 계속 밥을 먹고 있는데, 잠시 후 그 소녀가 『혼자와 함께 사이』를 들고 부끄러운 표정으로 저에게 다가왔습니다.

"변호사님, 저는 이번에 S대에 입학한 대학생이에요. 고등학생 때 변호사님의 책을 보며 열심히 꿈을 키웠어요. 그 덕에 원하는 대학교에 가게 됐어요."

'엥? 이게 무슨 소리지. 『혼자와 함께 사이』는 결혼과 이혼에 관한 책인데 고등학생이 그걸 보며 꿈을 키운다고?'

의아한 생각이 들어 되물었습니다.

"『혼자와 함께 사이』는 그런 책이 아닌데요? S대 간 거랑 저랑은 아무 관련도 없는데 그렇게 얘기해 주니 정말 고마워요!"

그 친구는 제가 변호사면서 회사 대표고, 아들 둘의 엄마고, 드라마 작가라는 사실이 그냥 자기 자신에게 힘을 줬다고, 저라는 사람이 쓴 글을 보며 꿈을 꿀 수 있었다고 이야기해 주었습니다. 그 순간 저는 그 친구를 명문대에 보낸 사람, 대치동 강사라도 된 것처럼 뿌듯했지만 집에 와서 생각해 보니 이렇게 미안할 수가 없었습니다. 저 친구가 내가 쓴 자기계발서를 읽었다면 좀 더 실용적으로 도움을 받을 수도 있지 않았을까? 하나 쓸걸!

마지막으로 저 자신을 위해서입니다. 지금 저의 관점과 생각을 정리해 기록해 두고 싶은 마음, 몇 개월 전 겪은 고통스러운 시간 때문에 다치고 깨진 제 마음을 다독이고 싶은 마음이 있습니다. 시간이 약이라고 하던데, 책을 쓰며 집중할 매일의 루틴이 있다면 그 약효를 강하게 느낄 수 있을 것 같았습니다.

여러분은 지금 어떤 시간 위를 걷고 있나요?

이 책이 여러분의 시간을 벌어주는 데 조금이라도 도움이 된다면 좋겠습니다.

그럼, 저 역시 돈보다 소중한 시간을 벌게 되는 것과 마찬가지니까요!

프롤로그
이 책을 쓰게 된 세 가지 이유 ········· 004

Chapter 1

삶은 시간의 사용 기록입니다
: 시간을 바라보는 발상의 전환

이미 늦었고, 준비가 덜 되었다는 말 ········· 015
세상에서 가장 쉬운 단어 ········· 023
웰잡러입니다 ········· 029
당신은 지금 바쁜가요 ········· 034
24시간을 세 부분으로 나눠 보세요 ········· 038
도망친 곳에 낙원은 없습니다 ········· 043
감사함으로 시간을 벌 수 있습니다 ········· 048
시간을 어떻게 쓰시나요 ········· 057
시간을 손에 쥘 수 있습니다 ········· 060
장거리에 강한 사람 ········· 070

Chapter 2

시간을 마일리지처럼 쌓아서 사용할 수 있습니다
: 마일리지 아워

인생을 바꾸는 소소하지만 확실한 방법, 마일리지 아워 ······ 079
시간 마일리지 쌓기 1 » 나를 회복하는 것을 찾습니다 ······ 086
시간 마일리지 쌓기 2 » 선순환 구조를 만듭니다 ······ 092
시간 마일리지 쌓기 3 » 준비보다는 시행착오 ······ 097
시간 마일리지 쌓기 4 » 단순화와 자동화 ······ 101
고민은 성공만 늦춥니다 ······ 107
바쁜 사람의 '알파 시간' ······ 112
마감을 정하는 방법 ······ 116
나만의 시간은 꼭 지켜 냅니다 ······ 120
쉼은 만들어야 생깁니다 ······ 124

Chapter 3

루틴은 인생을 버는 가장 쉬운 방법입니다
: 나만의 하루를 설계하기

부정적인 생각에서 벗어나세요 ······ 133
내일 할 일을 오늘 하지 않습니다 ······ 138
100일 집필 프로젝트 ······ 143
시간 레이어를 쌓습니다 ······ 150

내가 제작자입니다 ······ 154
꾸준함도 만들 수 있습니다 ······ 159
루틴은 유연해도 괜찮습니다 ······ 166
세상에 완벽한 하루는 없습니다 ······ 173

Chapter 4

시간 관리는 마음먹기에 달렸습니다
: 고효율을 만드는 마인드셋

구체적 상상이 불러오는 기적 ······ 181
하고 싶은 걸 다 할 수 없음을 받아들이세요 ······ 189
삶의 리듬을 깨트리지 않는 '선해' ······ 193
결핍은 선물입니다 ······ 199
고독을 받아들이세요 ······ 207
운전대를 잡고 있으면 괜찮습니다 ······ 214
두 가지 마음 훈련 ······ 219
행복은 욕심 분의 노력 ······ 227
이상한 사람이 기회입니다 ······ 231
너무 잘하려고 하지 맙시다 ······ 237
당신도 해낼 수 있습니다 ······ 242
부러울 것은 하나도 없습니다 ······ 245
후회는 만들지 않습니다 ······ 249
길을 여는 생각만 합니다 ······ 254
친절하게 거절할 수 있습니다 ······ 258

Chapter 5

지금 당장 시작합니다
: 마일리지 아워 실전 리마인드

주변인이 나의 거울입니다 269
끝내 무너지지 않는 법 277
운동 습관은 인생의 시간을 벌어줍니다 284
혼밥을 사랑합시다 289
나를 믿으세요 294
당신의 스토리는 무엇인가요 298
시간을 쌓는 SNS 활용법 303
베스트셀러로 사람을 만나보세요 308
책 속에 답이 있다는 말 313
'글쓰기'가 나를 살렸습니다 317
나를 잘 알면 시간을 벌 수 있습니다 321
시간 관리 앱보다 마음 관리 326
나의 부모가 되어주세요 330

에필로그

당신에게 성공은 무엇인가요? 338

Chapter 1

삶은 시간의
사용 기록입니다

시간을 바라보는
발상의 전환

Mileage
Hour

**우리의 삶은 그 어떤 순간도 이미 늦지 않았고,
무엇을 하든 가장 좋은 준비는
'시작'이라는 걸 살면서 매 순간 배워 갑니다.**

이미 늦었고,
준비가 덜 되었다는 말

늦을 때는 없다

캐나다에서 어학연수를 할 때, '인생에서 가장 후회하는 것은?'이라는 질문을 받은 적이 있습니다. 저는 고등학생 때 최선을 다해 열심히 공부하지 않은 것이 후회된다고 답변하였습니다. 옆의 한국 학생 두 명도 저와 비슷한 대답을 했습니다. 그다음에 스위스, 멕시코, 브라질 학생의 대답이 이어졌는데 그들은 대부분 "별로 후회하는 것이 없다"라고 대답했습니다.

'어떻게 후회하는 게 없지? 참 신기하다.' 그런 생각을 하던 중 원어민 선생님이 했던 말이 기억에 남습니다. "한국 학생들은 특별히 영특하고 열심히 살고 있는데도 항상 학창 시절에 공부를 좀 더 할걸 하고 후회한다. 놀랍기도 하고 안타깝기도 하다. 그냥 지금부터 열심히 하면 되지 않을까?"라는 말이었습니다. 그리고 한마디 덧붙였습니다. "한국 사람들은 이미 늦었다는 말을 정말 많이 하는데 이미 늦었다는 생각 좀 안 했으면 좋겠다. 너무 답답하다."

'그렇게 생각하는 게 쉽나? 인생이 영원한 것도 아닌데.' 스물한 살이었던 저는 그 외국인 선생님의 말씀을 바로 이해하기 어려웠습니다. '지금부터 열심히 해도 더 일찍 열심히 한 사람이 더 잘할 수 있으니까 다들 후회를 하는 것일 텐데 선생님은 왜 그런 마음을 이해 못 하지? 왜 다른 나라 친구들은 후회를 안 할까? 그래. 그러니까 우리나라가 빠른 속도로 발전한 거겠지!' 하는 생각도 했습니다.

나중에 시간이 흐를수록 어학연수 선생님의 의문을 조금씩 이해할 수 있었습니다. 인생에 진도랄까, 시기별 과제가 이미 정해진 듯한 우리 사회의 특성상 필연적으로 '난 늦었다'라는 생각을 하는 사람이 참 많습니다. 그런데 그 과제를 수행하지 못했을 경우 '이미 늦었는데 뭐. 이제 와서 해서 뭐해' 하며 뭐든 포기하게 만드는 경우를, 실패를 동력으로 삼는 경우보다 훨씬 많이 봅니다. 정해진 속도에 사람을 가

두는 사회가 아닌가 하는 안타까운 마음이 들 때가 많았습니다.

후회가 없다는 말은 반성이 없다는 말일 수도 있겠지만, 한편으로는 인생에 절대적으로 정해진 속도나 진도 없이 자신의 속도에 맞춰 가면 된다는 다짐의 말처럼 들리기도 합니다. 후회가 동력이 되는 것이 아니라 포기로 이어지는 경우를 볼 때, '예전 그 선생님이 가졌을 안타까운 감정이 이거였을까' 하며 그 눈빛의 의미를 이해하게 되었습니다.

제가 로스쿨에 진학한다고 했을 때도 늦었다는 말을 참 많이 들었습니다. "변호사 되고 나면 널리고 널린 게 SKY 출신일 텐데 이제 와서 갑자기 새로운 공부를 한다고 경쟁력이 있을까? 괜히 시간 낭비하지 말고 전공을 살리는 게 어때?" 글을 쓰기 시작할 때도 이런 말을 들었습니다. "다른 사람들은 20대 초반부터 매일 대본 쓰면서 지금까지 쌓아온 게 있는데 괜히 눈 돌리다가 이것도 저것도 안 될 수 있어. 하던 일에 집중하는 게 좋을 거야."

주변에서 이런 말을 들어도 괜찮습니다. '주변에 나를 걱정하고 내 고생을 생각해서 조언해 주는 사람이 많다' 하면 그만입니다. 정말로 안타까운 상황은 내가 내 자신에게 '이미 늦었다'를 되뇌고 있는 경우입니다. 제발 멈추었으면 좋겠습니다.

이런 질문을 많이 받았습니다.

"변호사님, 저 로스쿨 가고 싶은데 안 되겠죠? 공부 좀 열심히 할 걸 그랬어요. 이제 와 변호사가 되고 싶어서 너무 후회되고 힘들어요."

"변호사님, 저 작가가 되고 싶은데 이미 늦었겠죠? 어릴 때 책 좀 많이 읽고 글쓰기를 좀 배울 걸 왜 그냥 포기했는지 모르겠어요."

저는 늘 이렇게 대답합니다.

"로스쿨은 언제든 가셔도 됩니다. 전혀 늦지 않았습니다. 오히려 사회생활을 하다가 변호사가 되면 현상에 대한 이해가 빠르기도 하고, 전문 분야를 빨리 정할 수도 있어요. 학벌이 좋고, 점수가 높으면 당연히 더 좋은 로스쿨을 갈 수 있겠지만 면접이나 로스쿨 시험LEET, 그리고 지금까지 공부 대신했던 다른 경력들로 충분히 커버할 수 있습니다."

"작가요? 늦지 않았습니다. 영어 선생님을 하다가 마흔이 넘어 드라마 작가로 데뷔하신 백미경 작가님, 판사를 하다가 거의 쉰에 드라마 작가가 되신 문유석 판사님을 보며 저도 꿈을 꾸었고 해냈습니다. 여러분은 그보다 적은 나이 아닌가요?"

준비는 이미 되어 있다

이미 늦었다는 말만큼 우리가 자주 하는 말이 하나 더 있습니다. '난 아직 준비되지 않았다'라는 말입니다. 우리는 언제든 완벽하게 준비된 자만이 기회를 얻을 수 있다고 배웠고 철저한 준비 없이 뭔가를 무턱대고 시작하는 것은 순진하고 무모한 것이라는 평가를 듣는 사회에서 자랐습니다.

그런데 그건 절대 사실이 아니었습니다. 마흔이 넘은 지금 돌아보면 20대, 30대 내내 무언가를 계속해서 준비만 하는 사람보다는 미흡하더라도 일단 시작한 사람들이 결국 성과를 냈습니다. 계속 준비만 하던 사람은 여전히 준비만 합니다. 아직 준비되지 않았다는 말. 이건 이미 늦었다는 말보다 더 나쁩니다. 무언가를 시작할 때 완벽하게 준비하고 해야 한다는 생각처럼 위험한 생각이 없습니다. 내 성장을 방해하는 정도가 아니라 어떤 새로운 도전도 하지 못하게 하고 결과적으로는 나를 후퇴하게 만드니까요.

SNS로 큰돈을 버는 사람이 참 많아진 세상입니다. '나도 SNS를 해볼까? 내가 저 사람보다 나은 점도 분명 있는데? 내 SNS를 보고 좋아하는 사람도 있지 않을까?' 이런 생각을 하는 사람들도 많습니다. 그중 90%는 '에이, 아니야. 이미 인플루언서가 너무 많은데 나까지 들어가기엔 늦었지', '지금 하고 있는 일에 방해나 될 거야. 지금 하는 일이나 잘하자' 하는 생각에 곧바로 지배당합니다. 희망적인 미래를 꿈꾸자마자 안되는 이유 수백 가지가 떠오릅니다. 난 준비되지 않은 자, 저 사람들은 오랫동안 준비한 자. 이렇게 이분화하며 저 사람들과 나는 다르다고 혼자 판단하고 맙니다.

그런데 완벽한 준비라는 걸 해낸 사람만이 일을 잘할 수 있을까요? 완벽해질 때까지는 계속 완벽하지 않기 때문에 계속 부정적인 생각으로 가득할 텐데, 완벽한 준비는 언제쯤 가능할까요? 완벽한 준비라는 것은 어쩌면 인간이 절대 해낼 수 없는 것을 가능할 거라고 착각하는 오만함이자 불가능한 미션이 아닐까요? 완벽한 준비를 하고 뭔가를 시작하는 날은 우리 짧은 인생에 오지 않습니다. 세상에는 두 부류의 사람이 있습니다. 완벽하지 않아도 뭔가를 시작하는 사람과 준비가 되지 않았다는 가장 쉬운 출구전략을 세워놓고 안되는 이유를 찾아내기 위해 정성을 쏟는 사람입니다.

저 또한 2019년에 유튜브를 시작할까 생각했는데 '에이, 내가 유튜브 한다고 누가 보겠어. 이미 늦지 않았을까? 어떻게 하는 건지도 잘 모르잖아. 아직 준비되지 않았어'라는 생각이 계속해서 저를 방해했습니다. '그래 좀 더 준비하자.'

저의 방어기제가 결국 성장을 방해하는 거 같아 수십만, 수백만 팔로워를 갖고 있는 인플루언서들, 파워 유튜버들의 시작을 찾아본 적이 있습니다. 파워 유튜버들의 영상을 가장 오래된 순으로 정렬해서 봤더니, 완벽하게 준비된 사람은 아무도 없었습니다. 미약해 보이는 그 시작에 가슴이 뭉클했습니다. 유명 인플루언서들의 피드도 맨 처음부터 살펴보았습니다. 사진을 잘 찍지도 않았고, 대단히 눈에 띄는 콘텐츠도 없었습니다. 그들은 그저 시작하고 꾸준히 계속했을 뿐이었습니다.

유튜브를 하겠다는 마음의 준비만 5년째 하던 2024년 어느 날, 더 이상 핑계 대지 말자는 생각에 쿠팡에서 카메라를 주문했습니다. 배송이 온 다음 날, 카메라를 앞에 놓고 아무 말이나 떠들어 보았습니다. 너무 민망하고, 봐도 봐도 이상해서 소개 영상만 일곱 번을 다시 찍었습니다. 그러자 필요한 것들과 고칠 부분들이 보이기 시작했습니다. '준비라는 것, 시작이 전제돼야 하는 거구나. 이제부터 진짜 준비할 수 있겠구나' 싶었습니다. 유튜브를 시작한 지 1년 만에 1만 명이라는 소중한 구독자를 얻게 되었습니다. 물론 아직 갈 길이 멀지만, 일단은 이것으로 충분히 행복을 느낍니다. 앞으로 더 발전할 일만 남았으니까요. 이미 늦었다고 생각한 2019년에 시작했다면 훨씬 더 많은 구독자가 있겠죠?

   우리의 삶은 그 어떤 순간도 이미 늦지 않았고, 무엇을 하든 가장 좋은 준비는 '시작'이라는 걸 살면서 매 순간 배워 갑니다.

세상에서 가장 쉬운 단어

성장을 막는 부적

어떤 현상의 원인이 뭐냐는 질문을 들었을 때 그 대답을 피해 가기 가장 쉬운 단어는 무엇일까요? 타인과 비교해서 '내 인생은 왜 저만큼 잘 풀리지 않을까'라는 생각이 들 때도 찾기 가장 쉬운 답이기도 합니다. 그리고 어려움을 해결하는 것이 두렵고 내 앞에 엄습한 큰 산을 넘기가 힘에 부칠 때 이 '마법의 단어' 하나면 마음이 편안해지기도 하죠. 남에게도 잘 쓰지만, 특히 만사가 귀찮은 나에게 쓰기 좋습니다. 이 말은 아주 중독성이 강하답니다. 이 말은 무엇일까요?

지금 바로 정답을 공개하겠습니다. 그런데 한 가지 주의

사항도 알려드릴게요. 이 말에 익숙해지면 지금은 편안하고 잠시나마 행복마저 느낄 수도 있지만 시간이 흐르고 나서 이 말이 내 인생의 독이었음을 깨닫게 되는 시점이 올 것입니다.

정답은 '원래'입니다.

제가 외고 진학에 실패했을 때 주변에서 "원래 외고 떨어지면 그다음에 진학하는 학교가 있는데 왜 너는 굳이 일반고에 가니?"라는 말을 들었습니다. 외고에 불합격하면 주로 가는 상위권 고등학교는 집에서 버스를 탈 만큼 멀어서 아무래도 걸어서 갈 수 있는 학교로 결정을 한 것인데, 많은 분이 안타까워하셨던 기억이 납니다.

서울에서 대학에 다니다 지방 로스쿨에 진학한다고 했을 때 역시 주변에서 "왜?"라는 말을 자주 들었습니다. 변호사가 되고 싶은데 제 성적으로는 상위권 로스쿨 합격이 어려우니 지방이라도 가려고 한 것이었습니다. "원래 지방대 타이틀은 달지 않는 게 좋아"라는 얘기를 들었습니다.

스물일곱 살, 변호사가 되었을 때 "이혼 전문 변호사가 되겠다"라고 주변에 이야기했습니다. 그 말을 들은 사람들은 전부 그건 좀 아닌 거 같다고 말렸습니다. 말리는 이유를 물으니 "원래 변호사는 기업이나, 공익 이런 멋진 걸 해야 알아주지, 이혼 변호사는 욕만 먹을 거다"라는 답변과 걱정 어린 시선이 돌아왔습니다. 너무나 불안했지만, 이혼 전문 변호사가 저에게는 참 멋있어 보여 이혼 사건을 중심으로 경력을 쌓았고, 시간이 지나 동기 중 거의 제일 먼저 변호사협회에 전문 분야 등록을 할 수 있었습니다.

첫 회사에 들어가 운이 좋게 이혼 팀을 구성했는데, 광고에 '이혼'이라는 문구를 넣자고 하니 직원분들이 '원래 법무법인 광고판에 이혼이라는 말을 직접적으로 언급하지 않는다'라고 말했습니다. 하지만 밀어붙여서 지하철역에 '이혼' 문구를 넣어 광고를 시작했고 그 광고를 보고 이혼 사건으로 회사를 찾아오는 분이 크게 늘어 대표님께 큰 칭찬을 받기도 했습니다.

'원래'가 아닙니다

30대 초반부터, 모임에 처음 보는 고급 승용차를 타고 오는 친구가 있었습니다. "저 차 1억도 넘지 않아? 어디서 저런 돈을 벌었을까?"라고 누군가 물으면 꼭 누군가는 "저 사람 원래 금수저잖아. 몰랐구나?"라고 확인되지도 않은 사실을 말했습니다. 정작 나중에 당사자는 얼마나 고생해서 어렵게 경제적 자유를 이뤘는지 열변을 토했습니다.

30대 내내 임신, 일, 출산을 겪으며 고생스럽게 아들 둘을 육아하고 있는 저에게 누군가 "원래 여자는 딸이 있어야 행복해지는 거야! 꼭 딸을 하나 낳아!"라고 했습니다. 그때부터 본격적으로 '원래'가 슬슬 싫어졌습니다.

살면서 이 '원래'라는 단어를 너무 많이 들었습니다. 내 얘기를 끝까지 들어주지 않고 원래라는 말로 차단하거나 궁금한 일의 이유를 물었는데 "원래 그래"라는 말이 돌아와 질문을 멈추게 된 적이 너무 많았습니다.

종종 지자체나 기업에서 강연 요청을 받습니다. 원래 변호사가 강연을 잘 하진 않지만, 지방 강연을 가는 길이 힐링이기도 하고 이별을 다루는 일을 하다 보니 이별을 예방하는 일도 하고 싶은 저의 욕심 때문에 몸이 지쳐도 가능하다면 강연을 일정에 넣습니다. 강연의 질의응답 시간이 있는데 많은 분이 저에게 묻습니다.

"변호사님 원래 똑똑하셨나요?", "변호사님 원래 글을 잘 쓰셨나요?", "원래 그렇게 부지런하신가요?"

이런 질문이 너무나 반갑습니다. 드디어 내 입으로 '원래'

에 대해 정면 반박할 수 있는 시간이 온 것이니까요. 섣불리 남의 이야기를 예로 들어 원래를 반박하기엔 힘이 부족했습니다. 수십 년에 걸쳐 저라는 사람으로 입증 자료를 만들었으니, 이제는 원래를 반박해도 되지 않을까요.

"아니요!! 절대 아닙니다. 원래 똑똑하지 않았고, 변호사가 되기 위해 먼 지역에서 공부해야 했어요.", "원래! 글 잘 쓰는 사람은 더더욱 아닙니다. 매일 한 시간은 그 어떤 일이 있어도 글을 썼더니 아주 조금씩 늘더라고요!", "아니요!! 세상에서 저보다 게으른 사람이 없다고 아주 오래 생각해 왔을 만큼 저는 전혀 부지런하지 않습니다. 집도 엉망진창이고요. 그저 우리 팀 월급, 자녀들 행복, 그리고 저의 행복까지 저에게 달려 있다 보니 시간을 쪼개어 뭐든 열심히 하게 된 것 같습니다."

"그 많은 일을 어떻게 다 하세요? 원래 체력이 좋으세요?"

"아니요! 공진단을 달고 살고, 주 3회 헬스장을 가려고 시간을 쪼개고 쪼갭니다. 한 달에 한 번은 꼭 큰 감기에 걸려 누워있습니다. 가족들이 많이 도와줘서 모든 게 가능한 것 같습니다."

원래라는 질문에 연거푸 "아니오! 아니오! 아니오!"를 외치고 나면 최근 십몇 년, 더 길게는 어린 시절부터 들어왔던 그 원래들을 보기 좋게 내 삶에서 보내버리는 거 같아서 카타르시스가 느껴집니다.

마흔이 넘어서야 시간이라는 게 조금 생긴 덕분에 자신의 분야에서 좋은 성취를 이룬 사람들을 종종 만날 수 있습니다. 이런 분 중 단 한 명도 원래 잘하는 사람은 없었습니다. 오히려 자신이 갖고 태어난 나쁜 원래의 습성을 모두 깨려고 참고 견딘 사람들만 있을 뿐입니다. 원래를 반박할 증거는 유튜브, 인스타를 조금만 찾아봐도 쏟아집니다. 오히려 원래 그랬던 사람 찾기가 더 힘들걸요.

100만, 200만 유튜버는 원래 끼가 많고, 카메라만 켜면 말이 술술 나오는 그런 사람일까요? 기업인은 원래 부모님이 물려주신 게 많은 사람일까요? 오히려 그 반대에 가까운 분이 대부분이었고 그래서 속이 참 시원했습니다.

어느 날 원래가 제게 말하더군요. "유나야, 몰랐지? 원래 나를 무시하는 사람만이 원하는 걸 얻을 수 있어. 이건 아무한테도 말하지 마. 비밀이니까?"

여전히 원래의 말을 듣기 너무나 싫은 저, 그래서 저는 또 오늘 이 글을 씁니다. 원래가 제게 했던 말 세상에 다 까발려버리려고요.

웰잡러입니다

'엔잡러'라는 호칭

저를 '엔N잡러'라고 칭하시는 분을 많이 만납니다. 저는 한 번도 제 직업이 여러 개라고 생각을 해 본 적이 없었는데 그 말을 듣고 '그렇게 보일 수 있겠다' 하며 놀랐습니다. 상담하고 재판하고, 가끔 방송에도 출연하고, 책도 쓰고, 드라마도 쓰고, 유튜브도 하고, 강연도 하니까 직업이 여러 개라면 그 말도 맞겠다 싶었습니다. 변호사 외 활동에서도 미미하지만 수익이 창출되고 있으니까, 직업이라면 직업이겠지요.

그런데 자꾸 엔잡러라는 말을 부정하는 저 자신을 발견했습니다. 나쁜 말이 아니라 멋지고 좋은 건데 왜 자꾸 '난 엔잡러가 아닌데…'라고 생각할까. 아마도 모든 일들이 서로 연결된 것들이라, 아니 하나로 연결하고 싶어 그랬던 것 같습니다. 또 여러 일로 수익을 창출하려는 목적보다는 제 본업인 한 가지 일을 더 잘하고 싶은 마음, 차별화하고 싶은 생각, 다른 일로 본업을 강화하고 싶었던 의지가 컸기 때문일지도 모르겠습니다.

우연히 일타 강사의 강연을 본 적이 있습니다. 그는 이런 말을 했습니다. '꿈은 단어가 아닌 문장으로 꾸어야 한다.' 그분의 말이 수년간 제 머릿속에 맴돌았습니다. 저는 변호사라는 단어의 직업이 제 꿈이었다고 생각했는데 그 말을 듣고 나니 아니었습니다. 저는 '내가 습득한 지식, 말과 글로 세상에 좋은 영향력을 끼치고 싶은 사람'이 꿈이었습니다. 그러니 상담하고 재판에 나가는 일 외에도 제 일을 통해 얻은 인사이트를 나누려는 일도 게을리하지 않게 된 것입니다.

제 꿈이 단순히 변호사였다면, 변호사가 되고 나서 세상을 다 얻은 것처럼 행복해야 했는데 전혀 그렇지 않았습니다. '앞으로 이 자격증을 가지고 뭘 할 수 있을까. 나는 어떤 방향으로 나아가야 할까?' 더 복잡하고 생각이 많아졌습니다. 평생 상담과 재판만 한다면 오히려 세상을 바라보는 시야가 좁아지고, 이 일을 길게 하지 못할 것 같다는 두려움이 들었습니다. 그래서 본업을 더 잘하고 싶어서 다른 일들을 더 했을지도 모르겠습니다.

변호사가 되고 나서도 꿈을 다 이룬 것 같지 않은 마음이 왜 들었었는지, 몰랐던 이유를 그 일타 강사님이 얘기하는 것을 보며 '괜히 일타 강사가 아니구나' 깨닫기도 했습니다. '일타 강사'란 '학생들에게 뭔가를 스스로 생각하고 깨닫게 해주는 사람'이 맞는 거 같다며 감탄했습니다. 그 강사의 꿈이 그냥 '강사'였다면 수업만 하면 되지 굳이 시간을 더 할애해 꿈에 관한 이야기를 학생들에게 할 필요는 없었을 테니까요. 그분의 말 덕분에 시간이 흐르고 저의 꿈을 좀 더 구체화하게 되었고, 이제는 명확히 한 줄로 나타낼 수 있는 때가 온 것 같습니다.

저의 꿈(이제는 현재진행형이지만)을 한 줄로 요약한다면 '사람 관계를 법으로 해소하는 것을 돕고(상담 및 재판), 그 과정을 통해 얻게 된 인사이트로 관계의 파국을 예방할 방법(글쓰기, 강연, 방송)을 고민하고 나누는 사람'입니다. 꿈을 이렇게 문장으로 꾸니 저 자신을 동종 직업을 가진 분들과 차별화할 수 있다는 생각에 일하는 것이 더 즐겁기도 합니다. 차별화된다는 것은 결국 생존력을 갖는다는 의미이기도 하니까, 결국 제가 좋아하는 일들을 오래 할 수 있게 도울 테니까요.

인생의 모든 점은 연결된다

드라마 「중증외상센터」의 원작자인 한산이가 작가님은 의사 출신입니다. 의사로 일하면서 현실에서 있을 수 없는 이상향을 글로 풀어냈습니다. 직접 경험한 사람이 쓴 글이라 독자들도 현실과 이상을 명확히 구분하며 정보와 인사이트를 얻게 됩니다. 작가님은 의사를 그만두었다고 인터뷰에서 밝혔지만, 여전히 의학과 관련된 글을 쓴다면 웰Well잡러일 수밖에 없을 것입니다.(다른 글도 아주 잘 쓰시지만.)

배우 하정우 님은 연기를 계속 잘하고 싶어서 그림을 그린다고 했습니다. 그림을 그리며 자신의 내면세계를 들여다보면, 배우로서 타인의 감정을 연기할 때 자신의 내면과 겹치는 부분과 다른 부분을 찾아내 반영하고, 보완하며 표현할 수 있다고 말했습니다.

위에 언급한 두 분 외에도 세상에 웰잡러가 되고 싶고, 하나의 방향성을 가지고 여러 가지 일에 도전하며, 수익을 창출하고 그것을 하나의 실로 꿰어 내는 사람들이 정말 많습니다. 뷰티 인플루언서로 활동하며 여러 가지 업체의 화장품을 써보고, 장점을 강화하고, 단점을 보완해 자신만의 화장품 브랜드를 만들어 성공하는 사람들도 있습니다. 인플루언서이자, 유튜버이자, 브랜드 대표인 것이지요. '내가 경험한 뷰티 노하우를 집약하여, 사람들에게 좋은 제품을 쓰게 해줘야지'라고 문장으로 꿈을 꾸지 않으셨을까 생각해 봅니다.

2005년, 스티브 잡스가 스탠퍼드 대학 졸업 연설에서 "자신의 경험과 사상 등 인생의 모든 점이 언젠가 연결되어 꿈을 이룰 것이다"라고 말한 것도 어쩌면 같은 맥락이 아닌가 생각합니다. 여러분의 꿈은 무엇인가요? 문장으로 정리해 보면 좀 더 쉽게 해야 할 일이 눈에 보일 것입니다. 여러분의 꿈을, 마음을 다해 응원합니다. 당장 눈에 보이는 성과가 없다 해도 자신이 어떤 사람이 되고 싶은지 지향점만 확실하다면, 그곳에 도달할 수 있다고 저는 확신합니다. 엔잡러 말고, 웰잡러가 되고 싶으시다면요.

당신은 지금 바쁜가요

바쁘지 않습니다

"바쁘시죠?"

"유나야, 많이 바쁘지?"

언젠가부터 제일 많이 듣는 인사말입니다. '바쁘다 바빠 현대 사회'를 살아가며 바쁘지 않은 사람이 어디 있겠나 싶어서 "다 그렇죠, 뭐"라고 대답하는 것이 습관이 되었습니다. 그러다 어느 날 문득 '나 진짜 바쁜가?' 하고 스스로에게 묻게 되었습니다. 내가 진짜 바쁜 것인지, 바쁘다는 생각이 관성이 된 것인지 한번 점검할 필요가 있습니다.

직원 90명이 넘는 회사의 대표이다 보니 지난 10년간 면

접도 참 많이 봤고, 회사에 입사했다가 퇴사한 사람도 수백 명입니다. 많은 사람과 인연을 맺고 업무평가를 하면서 '바쁘다'라는 평가가 매우 주관적이라는 것을 알게 되었습니다.

인사 평가를 할 때 특정 직원에 대한 관리자의 평가를 읽습니다. 어떤 직원은 실제로 정말 바쁜데 '여유롭게 일 처리를 하며, 업무 만족도가 높음' 평가를 받고, 어떤 직원은 객관적으로 바쁜 만큼 일을 부여받은 적이 없음에도 '불평불만이 많고 주변 사람들을 불편하게 함' 등의 평가를 받기도 합니다.

바쁘다고 생각할 수 있고, 하는 일이 손에 익지 않거나 뭐든 초보일 때는 당연히 바쁘고 정신없다는 생각이 나를 지배할 수 있습니다. 그런데 이러한 생각이 객관적 사실과 다름에도 지속적으로 내 머릿속을 떠나지 않거나, 고착화된다면 자기 자신에게 큰 해가 될 수 있습니다. 지금 하는 일이 너무 바빠서 다른 일은 도전조차 못 하는 사람이 되거나, 얼굴에 '나 바쁘니까 건드리지 마!'라고 쓰여 있어 다른 사람들이 기피하는 사람이 되거나, 정당한 업무 지시에도 자기도 모르게 '지금 하고 있는 거 끝나지도 않았는데 다른 일을 하라고?' 등의 부정적인 생각을 하게 될 수도 있습니다.

바쁘다는 생각의 부작용은 바로 30대 초중반에 저에게

나타난 증상입니다. 세상에서 내가 제일 바빠서 잔뜩 예민해지고, 누가 말을 거는 것조차 귀찮아지기도 했습니다. 뭔가를 시작하려고 하면 스스로 '너 지금 하는 거나 잘해. 바쁜데 그것까지 어떻게 해?' 하며 시작을 막았습니다. 그렇게 시간을 보내다가 바쁘다는 불평불만을 늘어놓을 여유조차 허락되지 않을 정도로 바빠졌을 때, 비로소 제 마음을 다스리기 시작했습니다.

'바쁜 게 아니라 행복한 거지, 할 수 있는 일을 하고 있고 기회가 왔다는 것이 얼마나 좋아. 나중에 괜찮아지려고 지금 바쁜 것이고, 지금 바쁘지 않으면 내 몸이 노쇠했을 때 바빠질지도 몰라. 내 소중한 회사, 아이들, 내 꿈이 있기 때문에 바쁜 것이고, 결국 나중에 나에게 시간을 벌어줄 거야. 자유를 줄 거야' 하며 가장 바쁜 정점의 순간에 심호흡을 반복했더니 저 자신이 완전히 바뀌었습니다. 예전보다 더 많은 일들을 처리하면서도 예전처럼 숨을 헐떡이지 않게 되었고, 그러다 보니 갑자기 확 다 놔버리고 싶은 감정이 들지도 않았습니다.

첫째가 저에게 말했습니다. "엄마, 사람들이 나만 보면 엄마 바쁘시지? 그런다. 심지어 외국인 선생님도 Your mom is busy, right? 그래." 제가 몇 번 TV에 나왔더니 저를 알아보신 분들이 아이에게 인사차 하는 이야기 같았습니다. 그래서 아이에게 물었습니다. "넌 어떻게 생각해? 엄마가 많이 바빠 보여?" 아이가 대답을 어려워하며 한참을 골똘히 생각했습니다. "바쁜 것 같기도 하고 안 바쁜 것 같기도 하네?"

그 답에 참 기뻤습니다. "누구나 그래. 바쁘기도 바쁘지 않기도 하는 거야, 마음먹기에 따라. 근데 엄만 하나도 안 바빠. 즐겁고 행복해. 근데 혹시 네가 봤을 때 엄마가 너무 바빠 보이거나 너랑 너무 못 놀아주는 것 같다는 생각이 들면 꼭 얘기해."

아이 눈에도 제가 바빠 보이는 날이 있다면 그날은 제 얼굴에 '바쁘니까 나 건드리지 마!' 하는 포스트잇을 붙이고 있다는, 번아웃이 왔다는 신호일지도 모르니까 아이에게 일러두었습니다.

얼마 전부터 "바쁘시죠?"라고 물어보는 질문에 "저 안 바빠요, 전혀요"라고 대답하기 시작했습니다. 바쁘다는 것은 결국 객관적 지표가 존재하기 어려운, 내가 감당하기 어려운 것들을 짊어지고 있느냐, 일과 삶, 그리고 마음의 균형이 깨질 만큼 내가 일하고 있느냐의 문제이기 때문입니다. 그런 의미에서 저는 전혀 바쁘지 않으니까요.

여러분은 지금 바쁜가요?

24시간을
세 부분으로 나눠 보세요

과거, 현재, 미래를 바꾸는 시간 분할법

타고난 재능, 주변 환경, 운이 인생을 어느 정도 좌우한다는 것을 완전히 부정할 수 있는 사람은 별로 없을 것입니다. 그러나 타고나지 않았어도 훨씬 크게 인생을 변화시킬 방법이 있다면 바로 시간 관리입니다. 시간 관리를 잘 해내면 타고난 재능을 더 키우고, 운과 기회가 자기 발로 찾아오게 하고, 환경은 얼마든지 본인이 바꿀 수 있게 됩니다.(이 말을 의심하는 사람이 있다면, 무조건 믿는 것부터 시작해야 합니다.)

하루 24시간을 어떻게 쓰는지는 그 사람의 과거, 현재, 미래를 모두 바꿀 수 있습니다. "현재, 미래는 그렇다 치고 어떻게 과거를 바꿀 수 있죠?"라고 반문할 사람이 있을 것 같습니다. 과거는 결국 기억입니다. 시간을 잘 써서 원하는 바를 이루고 나면, 과거의 고통스러웠던 경험도 성취를 위한 노력의 시간으로 기억되고, 참 지질했던 나의 모습도 부단히 발전해 온 역사로 기억될 것이며, 결핍이 많은 가정환경이나 어린 시절의 기억이 있다면 그 또한 성장의 밑거름으로 여기게 될 것입니다.

'내가 어린 시절 그렇게 불우하지 않았다면 지금의 내가 있을 수 있을까?', '내가 그 정도로 지질했기 때문에 발전에 목말랐던 거겠지', '그때 너무 힘들었는데 그 시간을 견뎌냈기 때문에 지금의 행복이 있는 걸 거야' 하고 생각하게 될 것입니다. 부정적이었던 것들을 성취의 기억으로 긍정적으로 재해석하다 보면, 긍정 회로가 돌기 시작하여 사고의 흐름이 바뀔 것이고 그 흐름이 앞으로의 미래를 더욱더 발전적인 방향으로 이끌어 줄 것입니다. 그러니 '시간 관리'라는 것은 현재와 미래만 조율하는 것이 아니라 내 인생 전체를 좌지우지하는 것일 수밖에요.

일-성장-회복 사이클

하루 24시간을 어떻게 나누는지는 각자의 몫입니다. 하루 열 시간 이상 공부하자. 먹고 자는 시간 외에 모든 시간을 내 일을 위해 투입하자. 전문가가 되기 위해 만 시간을 투자하자. 이런 이야기를 하려는 것은 아닙니다. 사람마다 지향점이 다르고, 생각하는 행복의 개념이 다른데 무조건 같은 룰을 적용할 수는 없습니다. 대신 하루 24시간을 곤충의 머리, 배, 가슴 나누듯 삼등분해서 일, 성장, 회복의 시간으로 나누자고 제안하고 싶습니다.

사람마다 일에 더 투입해야 할 시기, 성장에 투입해야 할 시기, 회복을 위해 시간을 써야 하는 시기가 있습니다. 그런 특정한 시기를 제외하고 아주 일상적인, 보통의 하루를 삼등분하는 것은, 직접 경험해본 시간 관리 방법 중 정말이지 최고의 효율을 낼 수 있는 방법입니다.

24시간 중 수면시간 여덟 시간 정도를 제외하면 열여섯 시간이 남습니다. 회사에 다니는 사람은 보통 하루에 아홉 시간 정도 근무합니다. 남은 일곱 시간을 반반으로 나누어 반은 내가 좋아하는 것을 하고, 반은 내 5년 후, 10년 후 미래를 위해 투자한다는 마음으로 살아보면 어떨까요? 하루

몇 시간인지가 중요한 것이 아니라, 그것을 인지하며 시간을 관리한다는 마음이 중요합니다.

직장인의 경우 아침 아홉 시 출근 저녁 여섯 시 퇴근인데, 칼퇴를 해도 퇴근해서 집에 와서 식사를 마치면 저녁 아홉 시. 릴스나 쇼츠 좀 넘기다 보면 열한 시인데 하루를 삼등분하라는 것이 말이 안 된다고요? 그건 누구에게나 마찬가지입니다. 숫자로 계산하면 일곱 시간이어도 식사, 이동, 휴식 시간을 빼면 아예 남는 시간이 없다고요? 없다고 생각하면 없고, 있다고 생각하면 있습니다. 이걸 믿고 해내는 사람만이 꿈에 가까워질 수 있습니다.

만약 내가 지금 회사에 다니고 있는데 슬슬 한계에 부딪힌다, 적성에 맞지 않는 일이라 미래가 불확실하다는 생각이 분명하다면 더더욱 잘할 수 있습니다. 앞이 보이지 않는 답답함과 절실함이 없는 시간을 만들어 낼 수 있습니다.

영어, 그림, 동영상 편집, 주식 투자, 경매, 부동산, 글쓰기, SNS 등 내가 성장하고 싶은 분야를 정하고 이동하는 지하철에서, 퇴근 후 친구를 만나 맥주 한잔하는 시간을 빼서 (주 3회 이상 하고 있다면 주 1회 정도로 줄이면 됩니다), 집에서 쇼츠나 릴스를 넘기는 시간을 한 시간 줄이면 됩니다. 성장에 시간을 사용하면 놀랍게도 힐링에는 시간이 덜 필요해지기 때문에 힐링 시간도 줄어듭니다.(루틴을 만들고, 자신이 원하는 방향으로 가고 있으면 애초에 스트레스도 줄어들기 때문입니다.)

'난 미래를 위해 현재 적금을 들고 있어. 이건 나중에 복리 이자가 붙을 거야'라는 생각으로 성장을 위해 시간을 써 보세요. 나중에는 3등분의 시간 중 1등분인 회복을 위한 시간도 점점 덜 필요해서 결국 현재의 일과 성장을 위한 시간으로 2등분만 해서 살아도 충분히 만족스러울 수 있습니다. 결국 회복을 위한 시간이 필요한 것은 내가 더 나은 미래를 위해 살고 있지 않다는 생각에서 시작하는 스트레스 때문일 가능성이 크기 때문입니다. 시간에 치이지 않고, 시간을 만들어 내고 즐길 수 있는 삶을 맞이하시길 진심으로 응원합니다.

도망친 곳에 낙원은 없습니다

회피와 노력의 차이

미우라 켄트로의 만화 『베르세르크』의 명대사 '도망친 곳에 낙원은 없다'라는 말 들어보신 적 있나요? 저와 저희 언니가 가장 좋아하는 말입니다. 아무리 바빠도 일주일에 한 시간은 통화하는 명언 광팬 친언니는 자주 명언을 투척합니다. '몇십 년째 명언 타령이야? 그런 것 좀 그만 봐' 하고 투덜거리면서도 가끔 해주는 그 말들이 묵직하게 남아 살면서 큰 힘이 되곤 합니다. 어느 날 저에게 자신이 업무와 사람에 지칠 때마다 '도망친 곳에 낙원은 없다'는 말을 떠올리곤 한다고 얘기를 한 적이 있는데 그 후 위 문장은 제게도 중심이 되는 삶의 철학으로 자리 잡았습니다.

14년째 매일 누군가와 이야기를 나누면서 '왜 똑같은 이별인데 누구는 저렇게 표정이 좋고, 누구는 삶이 끝난 것처럼 괴로워할까. 그 차이가 무엇일까?' 하는 의문을 가진 적이 많습니다. 성격, 정신력, 생각의 차이 정도로 인식했는데 변호사 생활 7년 차쯤에 그 이유를 찾았습니다. 어떤 결정을 할 때 도망치듯 했다면 그 이후에 결국 또 다른 고통이 따라오고, 최선의 노력 끝에 한 결정이라면 그 이후의 삶에는 행복이 찾아온다는 사실을 알게 된 것입니다.

미안하다, 고맙다는 말로 충분히 해결할 수 있는 문제를 용기 내지 못해서 또는 관계보다 자신의 자존심이 더 중요해서 결정한 이별 끝에는 쓰나미처럼 몰려오는 자책과 후회가 기다리고 있었습니다. 반면 인내, 이해, 책임으로 내가 선택한 사람을 지키려는 최선의 노력을 한 사람의 이별 끝에는 더 나은 삶이 기다리고 있었습니다.

위 문장은 비단 이별뿐만 아니라 우리 삶의 모든 부분에 적용됩니다. 우리는 이뤄내고 싶은 일, 꼭 도달하고 싶은 지향점이 있음에도 이런저런 핑계를 대곤 합니다. '에이, 내가 지금 시작해서 뭐가 되겠어', '가만히 있으면 중간이라도 가지', '지금 하는 거나 잘하자'라고 하면서요. 그렇지만 내가 하고 싶은 일과 지금 하는 일이 꼭 일치하지 않기에 하고 싶은 일은 세상이 끝나는 날까지 내 머릿속에 남아있을 것입니다.

나의 목표, 내가 하고 싶은 일에서 도망치려 하지 말고 이제 한번 마주해 보는 것이 어떨까요. 당장 힘들고, 괴롭고, 쉼을 많이 포기하더라도 고통스러움을 견디면 낙원에 도달할 가능성이 높아진다는 사실을 분명히 우리 모두 알고 있습니다.

도망치기 대신 나아가기

낙원이라는 것이 대단한 부와 명예를 의미할 수도 있겠지만 그보다 내 삶을 윤택하게 하는 모든 것의 총합이라는 관점에서 본다면 도망치지 않고 나아가면 무조건 낙원을 만날 수 있을 것이라 확신합니다. 내가 하고 싶은 것을 하고 있다는 그 사실 자체가 이미 낙원의 시작이기도 합니다.

발레리나가 꿈이었는데 생계에 매몰되다 보니 발레 영상을 볼 때마다 가슴속에 후회와 아픔이 꿈틀거린다고요? 그러면 예쁜 레오타드를 하나 사 입고 집에서 발레 영상을 틀어놓고 혼자라도 시작해 보면 어떨까요. 그리고 영상으로 매일 점점 더 나아지는 모습을 찍어본다면 더 좋겠습니다. 일상에 큰 활력을 가져다주고, 근육도 생기고, 지금 하는 다른 일에도 더 집중할 수 있게 될 것입니다.

그것만으로도 낙원에 가깝겠지만 좀 더 나아가서 영상을 SNS에 올려보세요. 영상을 올리다 보면 발전 방향을 자연스럽게 찾을 수 있을 것이고, 그렇게 영상의 질과 내 삶의 행복도가 같이 쭉쭉 올라갈 것입니다. 팔로워가 늘고 인플루언서로 또 다른 삶을 살게 될 수도 있겠죠. 어쩌면 부가 수입이 생길 수도 있습니다. 실제 직업으로 발레를 하는 사람보다 수입이 더 많아질 수도 있습니다.

내가 좋아하는 일을 하며 돈도 벌게 된다면, 꿈도 이루고 생계도 해결할 수 있으면 그게 바로 낙원일 것입니다. 망상이라고요? 세상은 크게 바뀌었고, 점점 더 빠르게 변하고 있습니다. 이렇게 어렵지 않은 마음으로 시작해서 삶이 완전히 바뀐 사람들이 너무나 많은 세상입니다. 발레를 예로 들었지만 어떠한 일을 하든 이런 방법으로 꿈을 꿀 수 있다는 점은 같습니다.

우리 모두 이미 알고 있습니다. 그냥 내 마음이 시키는 일에서 자꾸만 도망치지 마세요. 언제까지 안되는 이유만 찾을 건가요. 마주하고 실패하고 보완하세요. 도망친 곳에는 낙원은 없습니다.

감사함으로
시간을 벌 수 있습니다

타인이 벌어준 내 시간

하루 24시간이 온전히 내 것이라고 생각했던 때가 있습니다. 소중한 하루 24시간을 내 마음대로 쓰고 싶은데 그게 어려운 상황에 화가 나기도 하고, 누구를 원망하기도 했습니다. 그런데 이제는 내 시간을 벌어주기 위해 얼마나 많은 사람이 나를 위해 살아왔나를 생각할 수 있는 나이에 접어든 거 같습니다. 자식으로 40년 이상, 회사 대표로, 엄마로, 아내로 10년 이상 살아보면서 우리의 삶이 그렇듯 우리의 시간도 서로에게 얽혀있다는 생각이 들었습니다.

청년 세대가 소확행을 즐기며 살 수 있는 여유는 어쩌면 우리 부모님 세대가 대한민국이라는 나라를 발전시키기 위해 본인의 젊음을 다 바쳐 노력했던 시간이 만들어준 것일지도 모릅니다. 거창하게 역사 얘기까지 갈 것도 없이 하루만 보더라도 내가 밖에서 일하고 있는 지금 이 시간은 누군가 아침에 내가 먹은 것을 정리하고, 내 아이를 돌봐주고, 내 아이의 치과에 함께 가고, 사랑을 줬기 때문에, 내게 큰 스트레스를 주지 않았기 때문에 주어진 시간입니다.

슈퍼 파워로 혼자서 모든 것을 해내는 것처럼 보이는 사람의 삶도 자세히 들여다보면 온전히 혼자만의 힘으로 사는 것이 아닙니다. 우리는 서로 시간을 벌어주기도 하고, 뺏기도 하며 살아갑니다. 30대 중반쯤 이 사실을 인지하고 나서부터는 시간을 더 효율적으로 써야겠다고 다짐하게 되었습니다. 내게 주어진 하루가 누군가의 노동으로, 마음으로, 운으로 만들어진 시간이기 때문입니다. 그들에게 충분히 시간을 돌려줄 수 있게 내가 더 열심히 해야겠다는 마음이 점점 커집니다.

이런 마음으로 살면서, 누군가에게 시간을 뺏기는 일이 생기거나 오늘의 미션을 끝내지 못했을 때도 크게 분노하거나 불안해하지 않고, 주어진 시간 속에서 내가 할 일을 그저 열심히 하며 하루하루를 채우는 것에 더 집중하게 되었습니다. 일을 다 해내지 못한다면 결국 다른 시간을 빌려 할 일을 할 수밖에 없다는 사실을 받아들여야 합니다. 내 시간을 벌어준 사람에게 충분히 감사하고, 보상하는 것이 장기적인 인생 관리에 있어서 얼마나 중요한지는 그렇게 살아본 사람만 알 수 있습니다.

너는 너, 나는 나. 개인주의가 점점 더 짙어지는 사회이고, 저도 세상의 변화를 굉장히 환영하는 사람이지만, 세상이 골백번 변한다 하더라도 인간이 서로의 시간을 주고받으며 살아간다는 본질은 바뀌지 않습니다. 그러니 내 시간을 아껴주는 사람들을 잘 파악하고, 돈이든, 시간이든, 마음이든 합당한 교환법칙을 잘 만들어야 계속해서 내 시간을 지켜나갈 수 있습니다.

내 시간을 아껴주는 사람은 가족이나 친밀한 사이일 가능성이 큽니다. 그 사람은 직장 동료나 부하 직원일 수도 있습니다. 우리는 가까운 사람들에게 훨씬 더 함부로 하는 경향이 있는 동물인 인간이지만, 아무리 내가 바쁘고 힘들고 지쳐도, 그들에게 정말 잘해야 한다는 것을 인지해야 자신이 원하는 삶을 계속 살아 나갈 수 있을 것입니다.

「유 퀴즈 온 더 블럭(유 퀴즈)」에서 배우 선우용여 님이 "남편이 항상 차 관리를 해줬는데 남편이 떠나고 나니 차가 길에서 멈추더라"라고 말한 적이 있습니다. 개그우먼 이경실 님이 "가정에서 배우자 중 누군가 좀 더 사회적으로 잘된다면, 상대에게 오히려 미안해해야 한다"라고 이야기한 맥락 역시 어떻게 보면 같은 의미입니다. 저는 이별을 다루는 직업을 가졌기 때문에, 자신의 시간을 아껴주는 사람을 알아보지 못하고 모든 성공을 본인의 공으로만 돌리는 사람이 결국 이별만 맞이하는 것이 아니라 자신이 이뤄낸 성취까지 다 잃어버리는 것을 참 많이 보았습니다.

내 하루를 잘 관리하기 전에 그 전제로 알아야 할 것은 지금 이 순간에도 누군가가 나를 위해 시간을 벌어주고 있다는 사실입니다. 이것은 인생 관리의 대전제입니다. 여러분은 지금 누구 덕분에 일할 수 있는 온전한 하루를 얻었나요?

하루 20분 훈련

최근 「유 퀴즈」에서 배우 송혜교 님이 5년간 매일 감사일기를 쓰고 삶이 훨씬 편안해 졌다고 이야기했습니다. 저 또한 감사함이 가져다주는 마법을 누구보다 잘 알고 있기 때문에 이 말을 들으며 고개를 깊이 끄덕였습니다.

미국의 긍정심리학자 마틴 셀리그만Martin Seligman은 행복 모델 페르마PERMA를 발표한 적이 있습니다. PERMA는 긍정적 정서Positive emotion, 몰입Engagement, 관계Relationship, 의미Meaning, 성취Achievement의 약자입니다. 그는 이 다섯 가지 요소가 충족되면 인간은 행복해질 수 있다고 주장합니다. 저는 항상 이 다섯 가지를 생각하고, 상담을 할 때도 현재 불행한 내담자에게 내가 이 다섯 가지 중 어떤 부분에 도움을 줄 수 있을지를 고민합니다.

그런데 저는 위 다섯 가지 중 가장 중요한 요소, 나머지에 조금 더 쉽게 다가갈 수 있게 돕는 요소, 다섯 가지 모두를 포괄하는 요소가 첫 번째인 긍정적 정서라고 생각합니다. 긍정적 정서가 행복의 결과가 아닌 행복의 요소라는 점에 주목해야 합니다. 긍정적으로 생각하는 것이 모든 것의 열쇠입니다. 긍정적 정서에는 기쁨, 즐거움, 사랑 등도 있겠지만 핵심은 '감사'가 아닐까 생각합니다. 송혜교 배우님은 그걸 깨닫고, 나누고 싶었던 것이라 짐작해 봅니다.

감사함을 느끼는 것은 내 정서에 영향을 주고, 그것을 누군가에게 표현하는 것은 상대방의 정서에 영향을 주기 때문에 결국 행복의 요소 중 '관계' 요소도 충족시킬 수 있게 됩니다.

14년 동안 만 명 이상의 사람을 상담하면서 매일 관계의 끝을 봐왔습니다. 관계가 끝난 결정적인 원인은 '상대가 나에게 단 한 번도 감사할 줄을 모른다'라는 것도 알게 되었습니다. 이런 경험을 매일 듣다 보니 저 또한 자기 전에, 또는 지하철에서, 차에서 10~20분씩 감사한 것들을 찾아내는 훈련을 자연스럽게 하게 되었습니다. '오늘 하루가 별 탈 없이 지나가서 너무 감사하다. 내가 일을 하는 동안 아이들을 사랑으로 돌봐주는 사람이 있어서 너무 감사하다. 오늘 만족스러운 판결이 나와서 감사하다.'

감사할 일이 정말 없다고 느껴지는, 우울하고 고통스러운 하루 끝에도 감사함을 찾으려 노력하면 감사할 일이 수백, 수천 개 있습니다. 아버지가 50대 중반이라는 젊은 나이에 암 병동에 입원하셨던 때를 떠올리면, 현재 주위에 아픈 사람이 없다는 것, 내가 이렇게 살아 숨쉬는 것, 누군가 때문에 스트레스를 받고 있다는 것 자체에도 감사할 수 있었습니다.

제 마음이 불안과 고통으로 가득차 있었던 시기에 살기 위해 시작했던 감사함 훈련인데, 그 과정에서 깊이 깨닫게 된 것이 있었습니다. 바로 '감사함은 결국 내 시간을 아껴준다'라는 것 입니다. 어떻게 그게 되냐고요?

'왜 내 배우자는 바빠서 나만 이렇게 매일 같은 시각에 육아 출근을 해야 하는 거지?'라고 생각하는 대신 열심히 사는 배우자를 보면서 '정말 많이 발전하고 있구나. 저 사람이 아니었다면 내가 이렇게까지 하루를 나눠 쓰는 삶을 경험할 수 있었을까. 저 사람 때문에 나한테 없던 면을 계발할 수 있었구나' 하고 생각하면 감사해졌습니다.

나밖에 안 보이도록 설계된 부족한 인간이기에 가족들이 나를 위해서 하는 일들을 찾아내고 인지하려면 노력해야 합니다. 감사함을 인지하지 못하고 계속 시간을 보낸다면 언젠가 결국 옆에 있는 사람은 나를 떠나는 선택을 합니다. 그럼 그가 나 대신 해준, 나를 위해 해준 노력과 시간은 더 이상 내 것이 아닙니다. 저는 법정에서 가족이 타인이 되는 순간 그들이 내준 시간의 일부도 더 이상 내가 공유받을 수 없음을 매일 깨닫습니다.

좀 더 간단한 예를 들어보겠습니다. 친구와 여행을 가는데 친구가 비행기와 호텔 예약, 전반적인 계획을 다 짜준다면 '쟤는 원래 저런 걸 좋아하나보다'라고 생각할 수 있습니다. 그런데 '친구가 내가 신경 쓰지 않도록 대신해 주고 있구나'라고 생각할 수도 있습니다. 진실이 무엇이든 간에 후자의 생각을 하게 되면, 그런 친구가 있다는 것에 감사하게 되고, 친구에게 감사함을 표현하면 친구도 긍정적 정서를 갖게 되어 다음 여행에 또 기꺼이 그 행동을 해줄 것입니다. 전자의 생각으로 살아간다면 장담컨대 결국 친구가 기꺼이 해주던 일을 멈추거나, 언젠가 그 사람을 떠날 수도 있습니다. 그렇게 되면 서로 잘하는 것을 기꺼이 해줌으로써 효율적으로 두 사람의 시간을 단축하던 그 영역은 더 이상 내 것이 아니게 됩니다.

친정 엄마든, 직업으로 봐주시는 분이든 내 아이를 돌봐주시는 분에게 "아이 먹이는 것 좀 더 신경 써 주세요", "아이랑 상호작용을 더 해주실 수 없나요?" 하며 욕심을 부리거나 비난을 섞어 말하는 것보다 "덕분에 아이가 많이 웃어요", "우리 아기에게 맛있는 거 해주셔서 감사합니다" 하며 감사할 부분을 계속 찾아서 이야기하다 보면 대부분의 사람은 자신이 할 수 있는 한 아이를 위해 더 효율적으로 시간을 사용하려고 노력합니다. 그 덕분에 시너지를 얻어 내가 시간을 아낄 수 있는 건 말할 필요도 없습니다. 감사함을 느끼는 것, 그리고 표현하는 것이 이렇게 인생의 많은 시간을 아껴줍니다.

엄마만 찾고 다른 사람에게 잘 가지 않으며 늦게까지 잠을 자지 않는 아이를 키우며 지치다가도, 이 아이가 아니었다면 내가 1분 1초의 소중함을 이렇게까지 깊이 깨달을 수 없었을 거라는 사실을 깨닫고 감사를 느낍니다. 아이를 낳고 키워본 사람은 다 공감하겠지만 아이가 어린 시기에 30분이라도 멍하니 바깥을 바라보며 커피를 마시는 시간을 가질 수 있다면, 그 시간에는 초 단위로 행복을 느낍니다. 그 30분이 얼마나 쏜살같이 지나가는지 알기에, 그 시간을 지켜내기 위해 다른 일들을 더 효율적으로 하게 됩니다. 그래서 저에게는 육아가 인생에서 가장 어려웠지만, 결과적으로 저에게 또 다른 시간을 벌어주었다고 생각합니다. 저만 찾는 아이에게 빨리 돌아가기 위해서 한 시간을 두세 시간처럼 효율을 내며 집중해 일할 수 있게 해주었기 때문입니다.

지금도 '에이, 설마. 감사함 따위가 시간을 아껴준다니!' 하는 생각을 하는 분이 계신다면 꼭 하루라도, 10분이라도 감사한 것을 찾아보고 표현해 보실 것을 강력히 권합니다.

시간을 어떻게 쓰시나요

시간을 잘 쓰기 위하여

　우리는 모두 돈과 시간을 쓰며 Spend 살아갑니다. 그런데 돈과 시간의 다른 점이 있습니다. 돈은 쓰면 사라져 버리지만 '잘' 투자한 시간은 미래의 자산이 된다는 점입니다. 돈으로 물건을 사듯 그냥 소비해 버리는 시간은 다시는 돌아오지 않지만 내가 만들어 Create 가는 시간, 내가 온전히 몰입하고 즐기는 시간은 새로운 시간을 만들어내기도 합니다. 그래서 저는 시간을 아주 잘, 온전히 쓰는 방법으로서 '글쓰기'보다 좋은 것은 없다고 생각합니다.
　글쓰기의 중요성은 아무리 강조해도 지나치지 않습니다.

글은 말과 같습니다. 언어가 말을 잘하는 사람들만의 것이 아니듯, 글도 문학적 감수성이 뛰어나거나 문장으로 한 폭의 그림을 그리는 재능을 가진 사람, 글을 업으로 삼는 사람만의 향유물이 아닙니다. 글은 모두의 것입니다.

글은,
사업가에게 영업이 되고
작가에게 업이자 생명이 되며
기자에게 세상을 고발할 매체가 되며
학생에게 미래가 되고
어린이에게 뇌를 성장시키는 가장 좋은 도구가 되고
장사를 하는 사람에게 더 잘, 멀리 팔기 위한 수단이 되며
글을 좋아하는 사람에게는 휴식과 안정이 됩니다.
글은,
군인에게 세상과의 소통 창구가 되며
SNS를 하는 사람에게 하루의 활력과 즐거움이 되며
아이에게 호기심의 대상이 되며
일기를 쓰는 사람에게는 역사가 되며
마음이 아픈 사람에게 약이 되며
누군가에게는 새로운 세상으로 나아갈 가교가 되며

또 누군가에게는 생각지도 못했던 돈이 되며

또 다른 누군가에겐 인생을 구원해 줄 동아줄이 됩니다.

   글이 필요하지 않은 사람은 세상에 없습니다. 모두에게 유한한, 아깝고 소중한 시간을 그냥 소비하고 싶지 않다면 시간을 만들어 가보세요. 시간을 만들기 위해서 당장 글쓰기를 시작해 보면 어떨까요?

   글쓰기가 자신의 삶을 바꾸어 놓았다는 간증이 수없이 쏟아져 나오는 세상입니다. 세상이 아무리 바뀌고, 인공 지능AI이 많은 직업을 대체한다 해도 글은 그 누구도 대체할 수 없는 인간만의 것이니 매 순간 핫Hot하고, 항상 힙Hip하고, 시간이 흘러도 유망할 것입니다.

   틈을 내서 글을 쓰는 습관을 가져보세요. 1년, 2년, 수년이 지나고 나서 내가 시간을 그냥 써 버리지 않고 역사를 써 내려갔구나. 하는 생각이 들 것입니다. 글쓰기가 당장의 삶에 어떤 영향을 줄지, 돈이 될지, 미래에 큰 보탬이 될지는 확신할 수 없지만 한 가지는 확신합니다. 결국 당신이 써 내려간Write and Creat 시간이, 당신의 자존감을 엄청나게 올려줄 것이고 행복으로 안내해 줄 것이라는 사실입니다.

시간을
손에 쥘 수 있습니다

시간 활용 3법칙

"시간이 없다." 우리 모두 이런 말을 달고 삽니다. 저 또한 30대 중반까지는 매일 입에서 이 말이 툭툭 무슨 추임새처럼 튀어나오는 것을 그만하고 싶어도 멈출 수가 없었습니다. '몸이 두 개였으면 좋겠다. 하루 세 시간만 더 있었으면 좋겠다'라고 매일 생각했습니다.

아이가 어려 바쁘게 살 때엔 아무도 몰라주는 것 같아 참 서럽기도 했었는데 최근에 제가 가장 많이 받는 질문이 바로 "시간 관리 어떻게 하세요?"입니다. 「유 퀴즈」에 출연했을 때 유재석 님도 같은 질문을 했습니다. 시간 관계상 시간 관리법을 자세히 설명할 수가 없어서 그냥 제 하루를 그대로 말씀드렸는데, MC분들과 제작진분들이 다 깜짝 놀라셨습니다.

오전 아홉 시 아이들 등교와 등원, 열 시부터 저녁 일곱 시까지 변호사 일, 여덟 시까지 휴식이나 저녁 식사하기, 여덟 시부터 열 시는 아이들과 놀기, 열 시부터 자기 전까지 글쓰기. 이게 저의 시간표입니다. 특별할 게 없습니다. 그런데 주변에서 "유나야 넌 24시간을 48시간처럼 사는 것 같아." 이런 말을 너무 많이 하길래 정말 그런지 생각해 보게 되었습니다.

모두에게 다 똑같이 주어진 24시간을 48시간으로 늘려서 살 방법은 없습니다. 그래도 지난 14년간 매일 훈련해 온 방법을 몇 가지로 요약해 볼 수는 있겠더라고요. 그래서 여기서 한번 공유해볼까 합니다.

① 마감을 정하기

저희 아이들을 낮에 봐주시는 분의 근무가 여덟 시까지이기 때문에 저는 매일 일곱 시 오십 분까지 집에 들어갑니다. 지금 이 글을 쓰는 시간이 저녁 여섯 시 삼십팔 분인데 작업실에서 집까지 걸어서 10분 정도 걸리니까 지금 저에게는 딱 한 시간이 주어진 셈입니다. 이렇게 뒤가 막혀있으면 무조건 그때까지 일을 끝낼 수 있다는 것을 10년 이상의 경험을 통해서 깨달았습니다. 아주 작은 일을 하든 큰 프로젝트든, 마감이 30분이든, 3일이든, 3주이든 저는 제가 할 일의 마감을 무조건 정합니다. 만에 하나 그때까지 못 끝낸다고 하더라도 집중력을 높이고 일의 효율을 올리는 데는 큰 도움이 되기 때문입니다.

지금 저는 본업 외에 새 책을 하나 계약한 상태고, 지방 강연을 준비해야 하며, 드라마「굿파트너」시즌 2의 대본을 써야 합니다. 오늘은 새 책의 한 꼭지(A4 1~2페이지)를 쓰는 데 한 시간을 사용하기로 했습니다. 다음 달에 있을 강연의 PPT를 새로 만드는 일정은 다음 달 11일 세 시간, 12일 세 시간을 사용할 예정입니다. 드라마 집필은 올해까지 몇 부, 이렇게 정해두었습니다. SNS에서「메리지레드」라는 만화를 연재할 때도 다음 재판 들어가기 전까지 15분 안에 쓰기, 이렇게 마음속으로 마감을 정하고 집중했습니다.

이렇게 여유 없는 마감은 결과에 어마어마한 차이를 가져옵니다. 저라고 처음부터 이렇게 해온 것은 아닙니다. 시간 없다는 말을 달고 살면서 놓치는 것도 많았습니다. 모든 워킹맘이 그렇듯 엄마와 같이 있고 싶다는 아이의 울부짖음을 들으며 출근하고, 말도 아직 못 하는 아이가 나를 얼마나 기다리고 있을지 온종일 마음을 쓰다 보면 내가 지금 가진 이 시간은 아이가 없을 때보다 두 배는 귀하기에 더 집중해야만 한다는 사실을 그냥 알게 됩니다. 아니, 느끼게 되었습니다.

그나마 아이가 좀 커서 자기표현도 하고 자아도 좀 더 갖춰지게 된 다음에는 훨씬 마음에 여유가 생겼지만, 막내가 네 살이 되기까지, 엄마인 저를 자신의 온 우주로 여기고 밑도 끝도 없이 저만 바라보고 기다리는 모습을 보며 자연스럽게 모든 일에 마감을 정하게 되었습니다. 그리고 한 가지 큰 깨달음도 얻었습니다. 나에게 주어진 시간이 한 시간이든, 세 시간이든 어쩔 땐 결과물이 같고, 심지어 세 시간 동안 한 일보다 마감을 두고 한 시간 만에 해치운 일의 결과가 더 나을 때도 있다는 것입니다.

회사 대표로서 바쁜 직원에게 미안해하며 다른 일을 주면 그 결과가 더 빨리 돌아오고, 업무시간에 자주 인터넷쇼핑이나 개인 통화를 하는 직원에게 일을 주면 더 오래 걸리는 경험도 꽤 많이 했습니다. 역시 마감의 중요성은 아무리 강조해도 지나치지 않고, 특히 타인보다 나에게 마감을 주는 것은 내 능력을 발전시키는 효과도 크기 때문에 꼭 추천하는 방법입니다.

② 모든 일의 시작을 일정에 적어 놓기

이것도 해야 하고, 저것도 해야 하고, 허둥지둥하다가 결국은 아무것도 제대로 못 한 경험, 누구나 있을 겁니다. 저는 정말 많이 해봤습니다. 하루 내내 바빴는데 자기 전에 누우니 뭐 하나 해결된 게 없고 내일 또다시 할 일이 많습니다. 거기다 내일은 내일의 일이 또 정해져 있어서 걱정에 잠 못 이루던 밤들. 내 얘기 같지 않으세요?

"투두리스트To-Do-List를 적어라." 너무 클리셰Cliché지만 이보다 좋은 방법이 또 없습니다. 저는 휴대전화 일정표에 어떤 일을 시작하는 날짜를 다 적습니다. 그날의 나에게 맡기고 그날까지는 같은 일을 반복해서 생각하지 않는 훈련을 하는 것입니다. 일의 효율이 떨어지는 이유 중 하나가 휴식을 하지 못해서인데, 머리가 복잡하지 않고 여유가 생기면 굳이 휴식을 할 필요가 없어집니다. 그러면 휴식할 시간에 다른 일을 처리할 수도 있어서 효율이 배로 오르는 거죠. 뇌에 공간을 줘야 무엇을 하든 집중력이 올라가고, 시간을 아낄 수 있으니까요.

저는 지금까지 사랑하는 사람과 오래 행복할 방법, 친밀한 관계를 길게 유지하는 법이라는 주제로 관계에 대한 강의를 열 번 정도 했습니다. 그런데 다음 달에는 '목표를 이루는 법'이라는 주제의 강연 요청이 들어왔고, 하기로 결정했습니다. 기존 강연과 완전히 다른 주제라서 PPT를 새로 만들어야 하고, 내가 잘할 수 있을지 의문이 들어 머리가 복잡했습니다. 이럴 때 절대 못난 나에 휘둘리지 않고 얼른 일정표에 적습니다. 다음 달 11~12일 PPT 새로 만들기, 12일에는 강연 주최 측에 PPT 미리 보내기. 이렇게 날 불안하게 하는 일정의 착수일을 달력에 다 적어놓고 관련된 생각은 아예 하지 않습니다. '그때 해도 늦지 않는다, 나는 할 수 있다!' 하는 자신에 대한 믿음은 필수입니다.

③ 자잘한 일은 생각날 때 바로 처리하기

저는 지하철이나 택시로 이동 중에 이메일을 확인합니다. 처음에는 확인만 하고 답장을 바로 하지 않았습니다. '이따 내려서 해야지. 지금 정신이 없어서 대충 답장하면 무례해 보일 수 있어. 예의를 갖춰서 나중에 정식으로 이메일을 보내자.'

급히 돈을 보낼 일, 내일 당장 필요한 것 쇼핑하기, 아이 병원 예약 등 특별히 집중력을 요하지 않는 일을 절대 나중으로 미뤄선 안 됩니다. 이렇게 하는 데도 어느 정도의 훈련은 필요하지만 반복하다 보면 이 자투리 시간이 모여 나중에 생각보다 큰 보상의 시간이 되는 경험을 할 수 있습니다.

요즘은 목적지에 도착해 내리기 직전, 주차장에서 이메일을 확인하고 그 자리에서 대답할 수 있는 건 다 대답합니다. '최유나 변호사님, ○○○방송국입니다. 혹시 이 날짜 이 시간에 이 채널에 출연해 주실 수 있나요?'라는 이메일에 인사말도 생략하고 '네, 가능합니다' 이렇게 여섯 글자만 보내기도 합니다. 간단하더라도 상대방의 기분이 나쁘지 않을 정도로만 답을 보내놓으면 다음 이메일이 왔을 때 바빴던 전 상황을 설명해도 늦지 않습니다. 답변을 빨리 주셔서 감사하다는 답장을 많이 받았지, 왜 이렇게 답변이 짧냐고 따지는 사람은 없었습니다.

거절할 때는 '일정이 어렵습니다. 죄송하고 제안 감사합니다' 정도면 충분합니다. 어떤 이메일을 받았을 때는 서론이 너무 길다고 느낄 때도 있습니다. 예의에서 비롯된 것이지만 본론으로 들어가기 전에 서론만 몇 문단이면 읽는 사람이 지칠 수도 있습니다.

'내일 주말인데 애들 뭐 먹이지?'라는 생각에 휩싸이면 여러 가지 메뉴가 머리를 지배합니다. 물론 고민도 좋지만,

시간이 부족한 사람들은 그럴 필요가 없습니다. 그냥 자주 사용하는 앱을 켜서 이것저것을 주문해 버리고 뇌의 공간을 비워줘야 합니다.

주말에 미용실, 치과, 뮤지컬 같은 예약을 한꺼번에 앱으로 예약하고 잊기도 합니다. 바쁘게 지내다 보면 예약 2~3일 전에 중요한 일정이 생기기도 합니다. 그러면 앱에서 취소합니다. '뭘 해야 한다. 언제 하지?' 이런 생각에 아까운 시간을 너무 많이 썼습니다. 30대 중후반부터는 쓸데없는 생각을 행동으로 옮겨버리고 머리를 비운 다음 편안해 졌습니다. 머리 대신 손가락을 움직이니 머리가 쉴 시간이 생겼고, 계속 그렇게 지내다 보니 익숙해져서 이제 제 생각의 체계도 바뀌더라고요.

얼마 전 만난 친구가 최근에 본 책이 얼마나 재밌고 교훈적인지 감상을 이야기했습니다. 그 친구는 얘기를 다 마치고 나서 "유나야, 나중에 이 책 진짜 꼭 사서 봐!"라고 했는데 제가 이미 주문했다고 하니 깜짝 놀라더라고요. "네가 얘기 시작한 지 3분 만에 주문했어. 네가 그 정도로 재밌었다는 책을 내가 어떻게 안 보겠어. 너무 기대된다!" 이 행동을 함으로써 앞으로 일주일간 자주 떠올랐을 '그 책 한번 볼까? 얼마나 재밌으면 그렇게까지 얘기했을까?' 하는 생각을 안

하게 되었습니다.

시간은 있어도 없고 없어도 없는 것이라는 생각이 듭니다. 너무나 소중하니까요. 인생이 너무 짧고 아까워서 한 시간, 하루, 한 해가 가는 게 슬프다는 생각을 자주 합니다. 같은 시간에 퇴근하는 저를 매일 "엄마 와떠? 엄마 와떠?" 환호하며 눈물겹게 반겨주던 막내가 어느덧 "엄마, 벌써 왔어?" 소리 먼저 합니다. 하루 종일 엄마만 기다리던 껌딱지 첫째는 초등학교 고학년이 다 되어 제가 퇴근해도 "대박! 진짜 대박!"이라고 친구랑 통화하며 저는 본체만체 다른 방으로 들어갑니다. 애들이 천천히 컸으면 좋겠고 나는 아직 해내고 싶은 것이 너무 많은데 하루는 너무 냉정하게 흘러갑니다.

인생의 매 순간이 너무나 소중해서 인생 시스템 구축에 진심인 사람이 되었습니다. 위 세 가지 시간 관리 법칙을 꼭 한번 따라 해보세요. 물론 하루아침에 익숙해지진 않을 것입니다. 그렇지만 익숙해지고 나면 내 인생에서 뭐가 가장 중요한지 그 우선순위를 정할 수 있습니다. 결국 시간 관리의 핵심은 중요하지 않은 것을 중요하지 않게 다룰 수 있는 능력을 키우는 것이기도 합니다.

저는 오늘도 조금 더 커 있을 아이들을 만나러 이제 퇴근해 보겠습니다.

장거리에 강한 사람

조금만 더 하면 된다

학창 시절 내내 저는 체력장, 체육 대회, 신체검사 날을 제일 싫어했습니다. 다른 친구들은 수업을 안 한다고 좋아했는데, 저에게는 하루를 들여 부족함을 확인하는 날이었기 때문입니다. 차라리 수업을 하는 게 나았습니다. 키가 작고 몸무게도 가벼우니 날렵하고 유연할 것이라는 기대와 달리 유연성도 꼴찌, 달리기도 어김없이 반에서 꼴찌였습니다. 내신에서도 항상 체육 실기에서 점수를 잃곤 했습니다.

고등학교 1학년의 체력장 날이었습니다. 그날도 모든 종목에서 계속 가장 낮은 점수를 기록하고 있었습니다. 뜀틀은 저만 못 넘었고, 철봉에는 1초도 매달리지 못했습니다. 다 하기 싫어진 마음에 운동장 스탠드에 앉아 의욕 없이 하루를 보내고 있었습니다. 그러다 마지막 프로그램인 장거리 달리기가 시작되었습니다.

하루 내내 겪은 온갖 창피함에 지칠 대로 지쳤지만, 마지막이니 그래도 창피함을 조금이라도 면해보자는 마음으로 뛰기 시작했습니다. 어떻게 하면 창피함을 모면하고 의욕을 가질 수 있을까 고민하다가 당시 저의 꿈을 떠올렸습니다. '원하는 대학에 가고 싶다. 방송국 PD가 되고 싶다. 언젠가 내 이름으로 세상에 책을 출판하고 싶다.' 이런 상상을 계속하면서 내가 여기서 멈추면 꿈도 이루지 못할 것처럼 저 자신을 몰아붙였습니다. 마치 지금 내가 그 꿈을 향해 달리고 있는 것처럼 집중해 달렸습니다. 인생에서 운동에 그만큼 집중해 본 것은 처음이었습니다. 정신을 차리고 나니 친구들의 환호가 들렸고, 반에서 장거리 1등으로 결승선에 들어왔습니다. 참 강렬한 기억입니다.

반 친구들은 제가 한 바퀴 덜 뛴 거 아니냐는 의혹을 제기했습니다. "최유나가 최고 기록일 리가 없다, 분명 뭔가 잘못됐다"라는 말이 들렸고 저 또한 뭔가가 잘못됐다고 생각했습니다. 그런데 건물에서 경기를 지켜본 다른 반 친구가 내려와서 체육 선생님께 말했습니다. "선생님, 제가 위에서 최유나 뛰는 거 보고 있었어요. 저 쪼끄만 게 왜 저렇게 잘 뛰나, 하고 세어봤는데 정확한 거리 된 거 맞아요."

저조차 저를 믿지 못하던 상황에 그 얘길 듣고 얼마나 기뻤는지 눈물이 울컥 쏟아졌습니다. 그날 이후로 저는 스스로에게, 수십 년간 이 얘길 해줍니다. '단거리 못하면 어때. 넌 장거리 잘하잖아', '단거리는 타고난 거라면 장거리는 노력해서 얻을 수 있는 거야. 그러니까 조금만 더 가보자. 조금만 더.' 너무 창피해서, 조금이라도 만회하려고 달렸던 그 몇십 분이 제 인생에서 가장 자랑스러운 장면 중 하나가 된 것입니다.

삶도 이렇습니다. 목표와 동기를 머릿속에 생각하며, 난 장거리는 잘하는 사람일 거라 믿으며 의심하지 말고 계속 나아가면 결승선까지의 시간을 단축할 수 있습니다. 결승선까지 모두가 달리고 있지만, 머릿속에 어떤 동기를 갖고 달리는지에 따라 결과는 매우 달라질 수 있습니다. 몇 바퀴를 돌았는지 기억도 못 할 만큼 집중해서 나아가다 보면 언젠가 누구도 상상할 수 없는 결과가 내 앞에 기다리고 있지 않을까요.

장거리를 잘 뛰기 위해서는 순간의 순발력과 타고난 근력보다도 호흡을 가다듬으며 일정한 속도로 지치지 않게 나아가는 것이 더 중요한 것처럼, 우리가 원하는 성취를 이루기 위해서는 지금 우리가 잘하고 있는지 어디를 향하는지 모를 만큼의 집중이 필요한 것입니다.

그러니, 지금 내가 어디로 가고 있는지 모르겠고, 번아웃에 시달리고, 숨이 헐떡이고 괴롭다면 계속 그 페이스만 유지하면 된다고, 더 잘할 필요도 없고 지금만큼만 조금 더 버티면 원하는 것을 이룰 수 있다고 꼭 자신에게 얘기해 주세요.

완벽한 준비를 하고 뭔가를 시작하는 날은 우리 짧은 인생에 오지 않습니다.

세상에는 두 부류의 사람이 있습니다. 완벽하지 않아도 뭔가를 시작하는 사람과 준비가 되지 않았다는 가장 쉬운 출구전략을 세워놓고 안되는 이유를 찾아내기 위해 정성을 쏟는 사람입니다.

여러분의 꿈을, 마음을 다해 응원합니다.
당장 눈에 보이는 성과가 없다 해도 자신이 어떤 사람이 되고 싶은지 지향점만 확실하다면, 그곳에 도달할 수 있다고 저는 확신합니다.

우리 모두 이미 알고 있습니다. 그냥 내 마음이 시키는 일에서 자꾸만 도망치지 마세요.

언제까지 안되는 이유만 찾을 건가요. 마주하고 실패하고 보완하세요. 도망친 곳에는 낙원은 없습니다.

내 시간을 아껴주는 사람은 가족이나 친밀한 사이일 가능성이 큽니다. 그 사람은 직장 동료나 부하 직원일 수도 있습니다. 아무리 내가 바쁘고 힘들고 지쳐도, 그들에게 정말 잘해야 한다는 것을 인지해야 자신이 원하는 삶을 계속 살아 나갈 수 있을 것입니다.

지금 내가 어디로 가고 있는지 모르겠고, 번아웃에 시달리고, 숨이 헐떡이고 괴롭다면 계속 그 페이스만 유지하면 된다고. 더 잘할 필요도 없고 지금만큼만 조금 더 버티면 원하는 것을 이룰 수 있다고 꼭 자신에게 얘기해 주세요.

Chapter 2

시간을
마일리지처럼 쌓아서
사용할 수 있습니다

마일리지 아워

Mileage Hour

'내가 태평양을 넘기 위해
조금씩 항공사 마일리지를 모으는 것처럼,
하루에 한 시간이라도 오랫동안 모으면
나중에 내 인생에서도
작은 강 하나 정도는
건널 시간은 모을 수 있지 않을까?'

인생을 바꾸는
소소하지만 확실한 방법,
마일리지 아워

하루 20분이 모여서

인생 관리, 시간 관리나 삶의 노하우에 관한 책을 써달라는 제안을 수많은 출판사로부터 받았습니다. 30대까지는 '내가 어떻게 감히…'라는 생각에 거절했고 그나마 가장 잘 아는 분야인 이별에 관한 책만 두 권 출간했습니다. 『우리 이만 헤어져요』, 『혼자와 함께 사이』 둘 다 이별에 대한 책입니다. 그런데 마흔이 넘어 30대에 열심히 해온 것들의 성과를 보고 나니 할 말이 조금 생겼습니다. 오랜 시간 낚시터에 앉아 낚시하던 사람이 고기를 낚으면 갑자기 말이 많아지는 그런 걸까요. 내가 원하는 방향으로 살기 위한 나만의 방법이 틀리지 않다는 확신이 나름대로는 있었지만 '틀리지 않다'와 '맞다'는 다른 것이기 때문에 '그래도 이 방법이 꽤 맞더라. 효과가 있더라' 하고 스스로 받아들이는 순간이 왔을 때 글을 쓰고 싶었던 것 같습니다. 이제는 나름 검증된 이 방법을 모두에게 알려주고 싶다는 생각이 듭니다.

저는 이 방법을 '마일리지 아워'라고 부릅니다. 30대 초반, 워킹맘이 되어 한창 몸과 마음이 고될 때, 당장은 아니라도 언젠간 꼭 뉴욕에 가고 싶어서 '지금부터 항공사 마일리지를 모아야겠다'라는 생각을 한 적이 있습니다. 그리고 이 생각은 '내가 태평양을 넘기 위해 조금씩 항공사 마일리지를 모으는 것처럼, 하루에 한 시간이라도 오랫동안 모으면 나중에 내 인생에서도 작은 강 하나 정도는 건널 시간은 모을 수 있지 않을까?' 하는 생각으로 이어졌습니다.

처음 마일리지 생각은 2017년에 했는데, 미루고 미루다 2018년 8월의 어느 날, 글쓰기를 시작했습니다. 노트북에만 글을 쓴다면 어쩐지 조금 하다 멈출 것 같아서 일을 하며 느끼는 소회를 만화로 만들어보자는 목표도 세웠습니다. 휴식할 시간도 모자랄 시기라 하루 한 시간을 채우기도 쉽지 않아 우선 하루 20분이라도 써 보자는 마음으로 시작했습니다.

그 글들을 모아 열 줄의 대사로 만들었습니다. 거기에 맞는 그림을 그려주실 분을 찾아 만화로 만들어 SNS에 올리기 시작했습니다. 재판을 기다리며 법정에서, 재판에 일찍 도착해 법원 주차장에서, 지하철에서, 아이 재워놓고 부엌에서, 하루 20분씩 쓴 글들이 지금 제 인생을 엄청나게 바꿔주었습니다. 「메리지레드」라는 제목의 인스타툰은 『우리 이만 헤어져요』라는 책으로 출간되었고, 저에게 수많은 강연 자리와 제가 너무나도 좋아하는 프로그램인 「유 퀴즈」에 출연할 기회를 제공해 주었으며, 드라마 작가로 데뷔할 수 있는 시초까지 되어주었습니다.

하루 한 시간이 모이면

하루 20분 글쓰기가 익숙해지자, 하루 한 시간 정도는 할 수 있겠다는 생각이 들었습니다. 하루에 딱 한 시간, 100일 동안의 글쓰기로 『혼자와 함께 사이』를 출간했습니다. 어떻게 하면 책을 낼 수 있는지 물으시는 분이 정말 많은데, 정말 하루에 한 시간씩 100일이면 가능하다고 꼭 말씀드리고 싶습니다. 초고를 쓰고 고치고 또 고치더라도, 수년을 더 고쳐서 출판한다고 해도, 초고를 쓰는 일 자체는 그리

크게 어려운 일이 아닙니다.

이 방법으로 새 책을 써보고 싶어서 이틀 전부터 새로운 책에 들어갈 글을 쓰기 시작했고, 오늘은 3일 차입니다. 100일 만에 끝내지 못할 수도 있고 1년이 넘게 걸릴 수도 있겠지만 하루에 한 시간은 무조건 글을 쓴 경험이 벌써 7년 차에 접어든 지금. 이제 해낼 수 있다는 자신감이 생깁니다.

꼭 하루에 한 시간씩 글을 써야 한다, 하루에 한 시간 무조건 자기계발을 해야만 한다는 이야기가 아닙니다. 내가 지금 하는 일이 있고, 너무 바쁘고 일상에 지치지만 다음 꿈을 꾸는 분들에게, 그러니까 한국 땅에 발 디디고 열심히 살아가고 있고 만족하지만, 뉴욕에 한번 가보고 싶은 분에게 마일리지를 모으시라는 말씀을 드리는 것입니다.

하루에 한 시간만 노력하면 어떤 직업이라도 가질 수 있다고 말하는 것도 아닙니다. 하루에 한 시간으로는 절대 새로운 직업을 가질 수 없습니다. 다만 5년 후, 또는 10년 후 내 힘으로 새로운 세상을 보고 싶은 사람에게는 하루에 한 시간이 차고도 넘치는 시간이라는 것을 꼭 말하고 싶습니다.

2018년 연말, 드라마 제작사 PD님으로부터 연락을 받았습니다. 아이를 낳고 조리원에서 제 만화를 보며 감동했다,

대본을 한번 써보시면 좋겠다는 제안이었습니다. 저 또한 그 제안에 큰 감동을 받았습니다. 워킹맘으로 자존감은 바닥을 치고 너무 힘들 때 그저 새로운 세상을 꿈꾸며 글을 썼기 때문입니다. 그날부터는 하루에 한 시간씩 대본을 썼습니다. 그렇게 꼬박 3년을 쓰고 나서야 드라마라는 것을 어떻게 쓰면 되는지 아주 조금 감이 오기 시작했습니다. 처음 해보는 일이라 다른 사람의 경험이 축적된 작법 책을 여러 권 사서 탐독하기도 했습니다.

3~4년 동안은 하루에 한 시간 이상 드라마에 집중할 수 없는 환경이었습니다. 변호사 일의 연차가 늘어나면서 맡은 사건은 많아지고 관리해야 할 직원도 늘었으며, 조금 편해지나 하자마자 둘째를 임신, 출산, 육아하는 기간이 또 추가되었습니다.

제가 처음부터 제작사와 계약하고 거액의 집필료를 받아서 대본을 썼다고 짐작하는 분이 많지만, 전혀 사실이 아닙니다. 이 글이 정말 언젠가 드라마로 제작된다는 기약이 전혀 없는 상황에서 이 기회를 절대로 놓치고 싶지 않고 너무 하고 싶어서, 시간의 틈을 늘리고 벌려 하루 한 시간을 겨우 만들고, 수년 동안 마일리지를 쌓았던 것입니다.

대본을 5년 가까이 고치고 고쳐서 만든 1~4부의 초안이

제작사와 방송사 등의 까다로운 검토를 거쳐 제작이 확정되었습니다. 물론 5~16부까지 쓰는 데에는 하루에 한 시간으로는 어림도 없었기에 2020년부터는 본업과 글 쓰는 시간 외에는 그 어떤 일도 할 수 없었습니다. 오직 이 두 가지 일에만 집중적으로 시간을 사용했습니다. 그래도 하루에 한 시간씩 투자했던 그 시간이 없었다면 모든 것이 불가능했다는 사실은 변하지 않습니다.

하루 한 시간의 글쓰기가 제 인생을 많이 바꿔 놓았지만, 어떤 사람에게는 글쓰기가 아니라 다른 활동이 될 수도 있습니다. 하루 한 시간의 운동, 그림 그리기, SNS에 일상 올리기 등등. 하고 싶은 일이 있었는데 아직 직업으로 이어지지 못했다면 그냥 하루에 한 시간씩 쌓아올려 보시면 어떨까요? 그게 5년 후, 10년 후 아니면 20년 후일지라도 언젠가 당신을 뉴욕으로, 파리로 데려다 줄 지도 모릅니다.

평생 드라마라는 드라마는 다 챙겨보며 연예인을 동경했습니다. 조리원 동기 언니가 얼마 전 이런 말을 했습니다. "유나야, 그거 알아? 2016년에 조리원에서 처음 만났을 때, 내가 직업이 뭐냐고 했더니 네가 변호사라고 했지. 근데 언젠가 꼭 글을 쓰는 사람도 되고 싶다고 했어."

저처럼 가슴속에 오래된 꿈 하나 더 가지고 계신 분들

있죠? 2024년 연말, 여느 해처럼 「연기대상」을 시청하고 있었습니다. 어릴 때부터 너무나 사랑하고 존경했던 배우님이 시상식에서 제 이름을 불렀습니다. 이게 꿈인 걸까, 현실일까, 조금 헷갈렸습니다. '내 꿈의 강. 그 작고도 큰 강을 하나 넘었구나.' 집에서 시청자이자 작가가 되어 방송을 보며 눈물이 났습니다.

'에이, 하루 한 시간으로 뭘 해', '저 사람은 원래 운이 좋거나, 원래 능력이 출중해서 그렇게 된 거겠지'라는 생각을 지금 하고 있다면, 자신의 가장 큰 방해꾼이 자신임을 인식하셔야 합니다. 자꾸만 방해를 펼치는 나와 담을 쌓고 계속 머릿속으로 새로운 꿈을 꾸는 나와 친해져서 하루에 한 시간씩만 함께 프로젝트를 해나가 보세요.

그리고 나중에 꼭 저에게 연락주세요. 하루에 한 시간으로 정말로 제 인생도 달라졌다는 연락, 간절히 기다리겠습니다. 지금 이 글 읽고 있는 독자님, 할 수 있습니다. 꼭 큰 성과가 아니더라도 분명히! 인생은 달라집니다. 인생을 바꾸는 것은 성과만이 아니니까요. 나에 대한 믿음, 성취감, 태도. 분명히 달라질 거예요.

꼭 도전해 보실 거죠? 이 책을 집어 든 분이면 분명히 마음속에 꿈을 꾸는 사람일 거라고 저는 확신하고 있습니다.

시간 마일리지 쌓기 1 »

나를 회복하는 것을 찾습니다

무기력의 굴레 벗어나기

'시발 비용'(스트레스받지 않았다면 쓰지 않았을 비용-출처: 위키백과)이라는 속된 말이 유행한 적이 있습니다. 시발 비용만큼이나 많이 드는 것이 시발 시간(스트레스를 받지 않았다면 쓰지 않았을 시간) 아닐까요. 말이 좀 거치니까 '힐링 타임' 정도로 순화해 보겠습니다.

우리의 힐링에는 꽤 많은 시간이 필요합니다. 스트레스 지수가 높을수록 더 많은 힐링 타임이 필요할 것입니다. 바쁘게 일하는 사람은 시간에 더 쫓기고 스트레스가 더 높은데, 힐링 타임은 더 부족합니다. 악순환입니다. 혹시 바쁘게 일하면서도 힐링 타임을 덜 필요로 하게 되고, 짧고 효율적으로 몸과 마음을 회복할 방법이 있을까요?

　30대 중반까지는 힐링 타임이 매일, 아니 매 순간 간절했습니다. 그렇지만 그런 걸 가질 시간이 없으니 몸과 마음이 병들었습니다. 어느 순간 인터넷 검색창에 정신의학과 상담, 우울감 등의 단어들을 검색하고 있었고, 몸은 고콜레스테롤, 고혈당, 잦은 잔병치레 등으로 경고 신호를 보냈습니다. 몸과 마음이 지치면 왜 사는지, 뭘 위해 사는지에 대한 희망이 흐려지고 무기력해집니다. 무기력해지면 일의 효율이 떨어져서 같은 일에 더 많은 시간이 더 필요하고, 쉴 시간은 더 없어지는 굴레에 빠집니다. 현대인이라면 누구나 이런 굴레에 빠져 봤을 것이라고 장담합니다.

　'왜 이렇게 시간이 없을까.', '몸이 두 개였으면 좋겠다.'

　이런 생각을 달고 살던 중 두 번째 임신을 했는데 아이를 담을 만한 건강한 몸이 아니었는지 유산을 경험했습니다. 1년 후 세 번째 임신을 하게 되어 또 다른 희망과 행복이 찾아왔지만, 책임과 의무도 추가 되었습니다. 체력은 바닥인데 아이는 둘, 맡은 일은 점점 늘고 있어 참 쉽지 않은 나날들이었습니다. '아직 미혼인 친구들은 퇴근하면 고기에 술도 한 잔하던데, 나만 왜 이렇게 바쁘고 힘든 걸까' 하는 부정적인 생각들에 잠식되고, 점점 세상에서 고립되는 느낌이었는데 그 감정을 누구와 나누거나 어디에 표출하지 못하니 쌓여만 갔습니다. TV에서 일 끝나고 한잔하는 사람들을 보면 가슴속에서 못난 분노가 치밀기도 했습니다. 나만 빼고 다 행복해 보이는 경험 다들 해보셨을 것입니다. 누구에게나 인생에 그런 시절은 있으니까요.

이러다가 큰일나겠다, 취미를 갖든 친구를 만나든 어딘가에는 풀어야 할 텐데. 이런 생각을 몇 년간 담고 다니면서도 당장 눈앞의 일들 때문에 실행하지 못했습니다. 그러다 어느 날, 약자인 아이들에게 화를 내는 부끄러운 저 자신을 보게 되었습니다. '나만 믿고 세상에 태어난 아이들인데 이건 정말 아니다.' 자각이 들면서 그때부터 짧게라도 시간이 날 때마다 힐링 타임을 챙겨야겠다는 경각심이 들었습니다.

당신의 슈필라움은 어디인가요

좋아하는 친구를 만나 고기도 먹고 술도 마시고 대화를 하면 가장 좋겠지만, 그걸 지속 가능하게 할 수 없는 상황이라(양가 부모님이 집 근처에 사시거나, 배우자의 이른 퇴근이 가능하거나, 아이들이 좀 커야 가능하므로) 가장 효율적으로 나를 회복하기 위해서는 뭘 해야 할지 계속 생각하게 되었습니다. 그건 내가 찾아내야만 하는 일이었습니다.

- 비 오는 날 카페에서 따듯한 아메리카노 마시기
- 코인 노래방에서 누구의 눈치도 보지 않고 열 곡 부르기
- 아무도 없고, 아무 소리도 들리지 않는 곳에서 밥 시켜 먹기
- 지방으로 재판 가는 차 안에서 큰 소리로 노래 부르기, 좋아하는 사람들과 통화하기
- 하루에 30분 이상 글쓰기

'꼭 친구를 만나고, 취미를 가져야만 힐링할 수 있는 건 아닐 거야' 하며 할 수 있는 걸 챙겨서 해보았습니다. 이렇게 하면서, 점점 혼자만의 공간이 필요하다는 생각이 들었습니다. '나에게는 저속 충전기 말고 급속 충전기가 필요해!' 하는 생각에 저만의 효율적인 급속 충전기를 만들기로 했습니다.

사무실에 탕비실로 쓰이던 아주 작은 공간(사람 한 명 겨우 누울 수 있을 정도)이 있었습니다. 딱히 아무도 쓰지 않는 버려진 공간이었는데 이 공간에 작은 문을 만들고 안에 책상과 소파침대를 놓았습니다. 상담과 상담 사이의 10분, 의

뢰인이 예상보다 빨리 가서서 생긴 30분, 재판이 미뤄져서 갑자기 생긴 두 시간. 이럴 때마다 언제든 쏙 숨어서 좋아하는 음악을 듣고, 좋아하는 커피와 차를 마시고, 짧은 독서를 했습니다.(집에는 베란다에 이런 공간을 만들었습니다.)

나만의 공간이 주는 효과는 기대 이상이었습니다. 너무 피곤해서 20분 쪽잠을 잤는데 다시 아침이 온 것 같은 느낌. 그 느낌을 매일 가지는 것이 가능해졌습니다. 내가 좋아하는 것으로 빠르게 회복하는 극도의 효율성에 더 만족감이 컸고, 지속 가능하고 매일 할 수 있어서 누적 효과는 더 컸습니다. 내가 쉬지 못하고 있다는 생각, 고갈되고 있다는 생각이 쌓이고 쌓여 갑자기 하던 일을 다 내려놓고 누군가에게 화를 내거나, 과음하는 것보다 훨씬 더 효과가 컸습니다.

시간이 지나 어느 뇌과학자의 인터뷰를 보고 과학적 이유를 알게 되었습니다. 도파민이 아닌 세로토닌을 채웠기 때문에 몸과 마음의 회복에 더 효과적이었던 것입니다. 도파민으로 힐링하는 것은 결국 힐링보다는 쾌락에 가깝기 때문에, 결국 또 다른 스트레스를 가지고 온다는 말을 들으니 더 이해할 수 있었습니다.

일 끝나고 고기를 먹거나 맥주를 한잔 마시는 게 그렇게 부러웠던 저는(물론 여전히 항상 하고 싶고 가끔 하지만) 이제 더 이상 그것이 지속 가능하고 효율적인 힐링 타임이라고 생각하지 않기 때문에 너무 연연하지 않으려 노력합니다. 물론 쉽지 않습니다. 좋아하는 사람과 맛있는 것을 먹는 일보다 재밌는 건 세상에 별로 없으니까요.

스트레스가 쌓이지 않도록 매일 조금씩 풀어내려고 하는 습관이, 내 일상을 잘 지켜내고 내가 원하는 것을 해낼 수 있는 방향으로 안내한다는 믿음이 생겼다는 것은 크나큰 수확입니다. 다른 사람들이 스트레스를 푸는 방식을 따라 하는 것은 비효율적입니다. 삶에서 잔잔하게 내가 좋아하는 것들을 찾아서 해보시면 좋겠습니다. 그럼 시발 시간이 줄어들고, 그만큼의 시간은 내 것이 됩니다.

저는 탕비실을 개조한 공간을 슈필라움 Spielraum(독일어로 '놀이방'이라는 의미)이라고 칭합니다. 슈필라움이 좋아서 열심히 힐링하고, 또 열심히 일하고, 성과가 생기면 슈필라움을 확장했습니다. 40대에 접어든 지금은 경제 상황이 나아져서 작은 오피스텔을 슈필라움으로 쓰고 있습니다. 비용은 전혀 아깝지 않습니다. 지금 제 환경과 삶의 구조에서, 이 방법이 가장 시발 비용이 적게 든다는 것을 이제는 완전히 알기 때문입니다.

시간 마일리지 쌓기 2 »
선순환 구조를 만듭니다

내 환경에 맞는 구조 만들기

20~30대 때는 내 의지와 생각만 있으면 무엇이든 할 수 있다고 믿었습니다. 그런데 40대가 된 지금은 내가 처한 환경과 입장에 따라서 의지와 생각이 바뀌기도 한다는 것을 알게 되었습니다. 아이를 키우며 시간에 대한 결핍이 생기고, 효율성을 절박하게 찾게 됐고, 기혼자이다 보니 배우자의 상황이나 삶의 방식에 저의 상황이 바뀌기도 했습니다.

회사를 차리니 직원들에게 매달 월급을 지급해야 하기 때문에 무조건 광고에 의존하기보다는 저라는 사람의 외연을 더 확장하고 브랜딩하여 회사를 알려야겠다는 의지와 생각이 커졌고, 그러다 보니 정말이지 저는 예전과 많이 다른 사람이 되어 있었습니다. 언제부턴가는 '내가 이런 생각을 한다고? 이게 내가 맞나?' 싶을 정도로 제가 많이 바뀌어 있다는 걸 스스로 느끼게 되었습니다.

내 생각과 의지를 바꾸려고 그냥 노력하는 것은 절대 쉽지 않습니다. 사람은 환경을 바꾸지 않으면 생각을 잘 바꾸지 않는 존재입니다. 그렇다면 내 의지와 생각을 다잡고 내가 원하는 방향으로의 삶을 향해 나아가기 위해선 어떻게 해야 할까요? 상황을 마음대로 세팅하고 바꿀 수 있는 사람은 많지 않습니다. 하는 일, 다니는 회사, 함께 사는 가족, 다양한 환경을 갑자기 확 바꿔버리는 것은 불가능에 가깝기 때문입니다. 바꾸기 어려운 환경에서 유일하게 할 수 있는 것은 모든 상황이 선순환하도록 만드는 것입니다. '피할 수 없으면 즐겨라'의 다른 버전 같기도 한데. 지금 말씀드리는 선순환은 물리적인 시간의 활용까지 포함하는 말입니다.

저는 서울에 주사무소, 인천에 분사무소를 운영하고 있습니다. 10년간 인천에 거주하면서 서울과 인천을 출퇴근했습니다. 차가 막히면 편도로 한 시간 사십 분이 걸려서 하루 운전 시간이 세 시간을 넘었습니다. 차에 있는 시간이 처음에는 버려지는 시간이라고 느꼈습니다. 이 시간을 활용하지 않으면 인생의 8분의 1(24시간 중 세 시간)이 날아간다는 두려움에 차에서 세 가지 루틴을 반복하게 됩니다. 영어 듣기, 클래식 듣기, 오디오북 독서가 바로 그 세 가지입니다.

마음을 바꾸니 운전하는 시간이 더 이상 힘들지 않았습니다. 오디오북을 들으면서 베스트셀러 작가가 되고 싶다는 생각을 키웠고, 영어를 듣고 따라 하며 영어 열등감을 조금씩 회복했으며, 클래식을 듣는 것이 저에게 무척 힐링이라는 사실도 알게 되었습니다.

'왜 이렇게 밀려, 언제 도착해! 짜증 나' 하며 불평불만을 하는 대신 이 시간을 잘 활용하니 차에서 내릴 때쯤엔 명상한 것처럼 개운한 느낌까지 들었습니다. 최근에는 서울 사무실 근처로 이사를 하게 되었는데, 출퇴근이 15분 안팎이라 훨씬 효율적이지만 종종 그때가 그립기까지 합니다. 그 시간을 충분히 즐겼으니까요.

자동 시간 설정

서울로 이사 온 후 둘째 어린이집에 대기를 걸어놨는데 한참 깜깜무소식이었습니다. 일단 자리가 있는 어린이집에 등록했는데, 버스가 없어서 저나 남편이 중간에 아이 하원을 해야만 했습니다. 주에 두세 번, 일을 하다 중간에 제 차로 아이를 집에 데려다주고 다시 사무실에 복귀해야 했습니다. 처음 몇 달은 스트레스를 받았습니다. 잠깐이겠지 생각했지만, 아파트 어린이집 대기 번호는 줄지 않았습니다.

그런데 내가 통제할 수 없는 부분을 자꾸 확인하고 스트레스받는 것은 저에게 득이 될 것이 하나도 없었기에 선순환을 시키기 위해 다시 선순환 회로를 돌려보았습니다. '어린이집 근처에 발레학원이 있던데 등록해서 운동 동선을 줄여볼까?', '사무실에서 어린이집 가는 길에 있는 식당에서 먹으면 점심시간이 줄어들까?'

그래서 아이 하원 시간인 네 시 이전에 상담을 몰아서 잡아놓고 상담을 다 마치면 하원 후 집 근처에서 다섯 시부터 여덟 시까지 재택근무를 하는 동선을 만들었습니다. 이렇게 업무 환경을 바꾸었더니 심지어 일의 효율이 올라갔습니다. '네 시까지 끝내야 해' 하는 생각에 버리는 시간이 거의 없었습니다. 자동으로 마감 시간이 생긴 것이지요. 이렇게 2년을 보내고 최근 아파트 어린이집 대기가 끝나 옮겼더니, 오히려 마감 시간 개념이 없어지면서 일의 능률이 떨어진 느낌입니다.

하루에 상담을 아홉 건까지 해봤습니다. 많이 찾아주시는 것은 너무 기쁜 일이지만 하루 아홉 시간을 상담에 사용하고 나면 우울감이 올라왔습니다. 단순한 번아웃이 아니라, 힘든 일을 겪는 사람들의 감정이 전이되는 우울감이었습니다. 글을 쓰며 감정을 쏟아내고, 이야기 속의 캐릭터를 창조해 타인의 입장을 이해하려고 노력해서 그런 우울감을 극복할 수 있었습니다. 쌓인 감정을 글로 푸는 것(꼭 글이 아니더라도 자신이 좋아하는 예술로 풀어보세요)은 제가 스스로에게 항상 칭찬해 주는 참 잘한 '선순환 만들기'입니다.

혼자 사는 세상이 아니기에 내가 원하는 대로 상황을 다 조정할 수 있는 사람은 세상에 단 한 명도 없습니다. '이것만 아니었다면 내가 더 잘할 수 있는데'라는 생각 대신 '어떻게 하면 이걸 더 나은 방향으로 만들 수 있을까?'라고 생각해본다면 불편이 힐링이 되고, 위기가 기회가 되고, 고통이 발전의 씨앗이 될 수도 있습니다.

모든 것은 우리가 어떻게 생각하는 것이냐에 완전히 달려 있다는 것. 이 단순한 진리만 잊지 않는다면 작든 크든 우리 인생의 단기적, 장기적 선순환 구조를 만들어 낼 수 있습니다.

시간 마일리지 쌓기 3 »
준비보다는 시행착오

도전하고 실패하고 보완하기

우리는 준비를 너무 많이 합니다. 초, 중, 고등학교 내내 대학 입시를 준비하는 교육을 받아서 그런지도 모르겠습니다. 대학이라는 목표를 이루면 대단한 보상이 온다는 한 가지 목표로 공부하다 보니 시행착오나 실패의 중요성을 어릴 때 배우지 못했습니다. 대신 뭔가를 이루려면 오래, 철저히 준비해야 한다는 사고방식이 기본 프로그램처럼 깔리게 된 거 같습니다.

그런데 결과적으로 어떤 분야에서 뭔가를 잘 해내는 사람들은 공통적으로 준비 과정이 길었다기보다 시행착오가 많은 경우가 훨씬 많습니다. 시행착오가 많다는 것은 일단 시작했다는 의미입니다. 일단 시작하고 실패를 하고, 보완해서 완성해 나간 사람들이 결국 원하는 것을 이룰 수 있습니다. 준비 시간, 시행착오 시간을 남들보다 훨씬 덜 사용하기 때문에 인생의 시간을 굉장히 아낄 수 있습니다. 이것은 단순히 하루에 몇 시간을 아끼는 문제가 아니라, 인생에서 5년, 10년을 아낄 수 있는 유일한 방법입니다. 시간 마일리지를 쌓는 법에서 가장 중요한 것이 바로 '시작'입니다.

「유 퀴즈」에서 가수 이소은 님이 자신이 꾸준히 공부하고, 새로운 분야에 도전할 수 있었던 것은 부모님의 교육 덕분이었다고 밝혔습니다. 시험을 못 보거나 뭔가에 실패했을 때마다 어머니가 선물과 카드를 건네주며 '너의 실패를 축하한다. 이 실패가 미래에 너에게 가장 큰 기회로 돌아올 테니 오늘의 실패는 축하받아 마땅하다'라고 말씀하셨다고 하셔서 울컥했던 기억이 납니다.

우리는 '철저한 준비'가 아니라 '도전과 실패'를 배워야 했고, 성인이 되었으니 이제라도 나에게 그걸 가르쳐 주어야 한다는 생각이 들었습니다. 실제로 이렇게 자녀를 교육하신 분이 있다니, 너무 놀라웠고 저 역시 그런 부모가 되고 싶다고 생각하게 되었습니다.

인생은 완벽하게 준비해서 뭔가를 한 번에 터트리는 것이 아니라, 자꾸만 도전해서 계속 실패하고 그것을 보완하는 것이었는데, 왜 아무도 알려주지 않았을까요. 어린 시절에 알았다면 조금 더 좋았을 뻔했다는 생각이 듭니다.

그래도 하나 긍정적인 측면을 말씀드리자면 우리나라 사람들이 실수하면 안 되고, 제대로 준비해야 한다는 교육을 받고 자랐기 때문에 뭔가에 도전하고 실패하려는 시도 자체를 하는 사람이 그리 많지 않다는 것입니다. 그래서 남들이 뭐라든 일단 도전하고 실패하고 보완한다면 조금 더 빨리 경쟁 우위에 설 수 있습니다. 시작을 하는 것만으로도 20% 안에는 들 것이고, 실패했을 때 '괜찮아, 그럴 수 있지. 다시 해보자' 하고 실패했던 일을 계속해 나가는 사람은 반도 되지 않습니다. 누구라도 시작하고 계속하면 일단 10% 안에는 들 수 있습니다. 저는 정말로 그렇게 생각합니다.

우선 출력하기

시간은 똑같이 주어지고 흐릅니다. 일단 시작한 사람들은 수년간 시행착오를 통해 점점 더 완벽에 가까워지고, 마음의 준비만 하는 사람들은 수년을 보내며 출발이 더 늦어질 뿐입니다. 그때부턴 다시 시행착오를 해야 하는 것이니까요. 이런 경험을 통해 뭐든 일단 시작부터 하는 것이 시간을 가장 많이 아껴준다는 것을 확신했습니다.

장동선 뇌과학자님이 자신의 유튜브 채널에서 "우리 뇌는 뭔가를 시작하고자 하는 열정, 의지를 뇌에 입력해야 행동으로 출력되는 것이 아니라 출력(행동)을 먼저 해야 그것을 프로세싱하기 시작한다"라고 말하셨습니다. 우리가 알고 있는 것과 완전히 다르죠. 동기부여, 열정, 의지보다 중요한 것은 시작입니다. 시작이 동기부여를 해주고 열정을 끌어올려 주며 더 잘해야겠다는 의지를 생기게 합니다.

우리에게 수백 년이 주어져도 우리는 완벽한 준비를 할 수 없습니다. 뭘 준비해야 하는지 시작해 보지 않고서는 체감할 수 없기 때문입니다. 귀한 20~30대를 뭔가를 준비하는 과정으로 다 써 버리기엔 인생이 너무 짧습니다. 이제 우리나라의 청춘들도 준비 과정보다 시행착오가 많은 삶을 살았으면 좋겠습니다. 여러분의 '실패 일기' 지금부터 써보시면 어떨까요? 바로 지금 시작해 보세요!

시간 마일리지 쌓기 4 »

단순화와 자동화

상황 세팅의 중요성

무언가를 이루고 싶은 사람에게는 인생 관리를 위한 마인드가 가장 중요합니다. 그러나 마인드는 결국 상황과 구조에서 나옵니다. 그래서 불필요한 스트레스를 없애고 시간을 벌기 위해서는 내 상황을 단순화하고 자동화하는 과정이 필요합니다. 상황을 세팅하는 것에 따라 내 마인드가 어떻게 달라지는지, 또 달라진 마인드로 인해 실질적으로 내 삶이 어떤 방향으로 자리 잡는지 저의 경험을 나누고자 합니다.

아이가 생기니 해야 할 일이 기하급수적으로 늘었습니다. 당시는 새벽 배송이 없어서 아이가 먹을 것을 매일 사야 했고, 식단을 짜서 아이를 봐주시는 분께 말씀드려야 했고, 퇴근 후 음식물 쓰레기를 정리하고, 정해진 분리수거 일에 분리수거를 해야 했습니다. 계절마다 아이 옷을 정리하고 청소기나 밥솥이 고장 나서 서비스 센터에 다녀오면 서너 시간이 흘렀습니다. 어린이집 상담을 다녀오면 하루가 다 가고, 그걸 메꾸기 위해 또 남은 시간에 쫓겨야 했습니다.

예측할 수 없는 일들, 순간순간의 변수가 계속 추가되니 중요한 일을 잊거나, 작은 일에도 스트레스를 받고, 그 스트레스를 풀기 위해 또 시간이 필요한, 악순환을 반복했습니다. 아이가 어릴 때 이 상황을 해결할 방법은 아무리 생각해도 없었습니다. 굳이 해결한다면 살림을 위해 상주하는 사람이 있어야 하는데, 비용도 무시할 수 없을뿐더러 가족이 아닌 누군가와 함께 산다는 것은 쉬운 일이 아니었습니다.

꼭 아이를 키우는 사람에게 국한된 이야기는 아닐 것입니다. 우리는 모두 사람들과 관계를 맺고, 책임을 맡으며 살아가고 있기 때문에 예측할 수 없이 시간을 보내는 경우가 허다합니다. 이런 상황에서, 내가 지금 꼭 해야 하는 일을 어떻게든 지켜나가기 위한 유일한 방법은 가장 중요하다고 판단하는 것들 외에 모든 것을 자동화, 단순화해 나가는 것뿐이라는 것을 경험을 통해 알게 되었습니다.

저의 예를 다시 들자면, 업무 외에 제게 가장 중요한 것 (나중에 회복 불가능한 부분)은 아이와 시간 보내기, 아이에게 양질의 음식을 먹이기 이렇게 두 가지였습니다. 그래서 그 외의 모든 것은 대충하며 살자는 심플한 마인드를 가지기 위해 노력했습니다. 모든 것을 다 잘하려고 하면 가장 중요한 변호사나 엄마의 역할 중 하나는 완전히 망쳐버릴 것 같았으니까요.

치마, 블라우스, 원피스, 하이힐을 좋아하던 패션에 일단 큰 변화를 주었습니다, 매일 맞춰 입고, 드라이하고 관리할 시간과 에너지도 없었기 때문입니다. 검은색 슬랙스를 여러 개 사서, 하의는 무조건 계절별로 얇고 두꺼운 소재를 바꿔가며 슬랙스를 입고, 위에는 구김이 가지 않는 소재의 셔츠를 돌려 입었습니다. 신발은 통굽 구두, 운동화 딱 두 가지를 돌려 신습니다. 이렇게 10년 이상을 살았습니다.

패션을 포기하라는 얘기가 아닙니다. 크게 신경 쓰지 않아도 단정해 보이는 옷이 검은 슬랙스와 셔츠, 구김 안 가는 블라우스라서 선택한 것입니다. 옷을 대부분 블랙, 베이지, 네이비만 사다 보니 색깔을 맞춰 입는 것도 단순해 졌습니다. 아침에 무슨 옷을 입을까 고민하는 시간도 줄어들었습니다. 이렇게 입고 다니고부터 오히려 주변으로부터 더 멋있어졌다는 평을 듣기도 했습니다.

재활용 쓰레기가 쌓여 지저분해도 주 1회만 갖다 버렸습니다. 매일 정리하던 장난감을 며칠씩 못 본 척하는 데에는 몇 년이 걸렸습니다. 이제는 우유, 달걀, 과일 등은 정기배송으로 받아봅니다. 남으면 남는 대로, 부족하면 부족한 대로 신경을 쓰지 않고 살다 보니 장점이 더 많습니다. 두부가 남으면 다음 날 아침에 두부를 구워 먹으면 되고, 두부가 부족하면 다음 정기배송이 올 때까지 안 먹으면 됩니다.

경제적 여유가 생긴 다음에는 정기 방문 세차도 맡깁니다. 자는 동안 누군가 세차를 해놓고 간다는 것이 너무나 편했습니다. 가끔 결과가 만족스럽지 못해도 '이 정도면 됐지' 하고 신경을 꺼버리면 되는 것이었습니다. 아이의 식단을 짜는 것을 그만두고 "알아서 해주세요. 단백질만 들어가면 되죠, 뭐. 항상 감사드립니다"라고 말씀드렸습니다. 나중엔 자동화에 너무 몰입하여 비닐봉지를 묶어주는 기능이 있는 쓰레기통을 사고, 코로나 때는 핸드워시 자동 디스펜서를 사기에 이르렀습니다.

누구도 완벽할 수 없다

위의 일들이 사소하다고 생각했습니다. '그냥 하면 되지, 뭐. 이까짓 거. 나는 엄마니까' 하면서요. 그렇지만 이 사소한 것들은 쌓이면 절대 사소하지 않습니다. 우선순위 외에는 전부 신경을 끄고, 만족스럽지 않아도 어쩔 수 없다는 마음으로 삶을 단순화하다 보니 이제는 그것이 익숙해져서 실제로 꽤나 쿨한 사람이 되었습니다. 제가 쿨해지니 아이도 쿨해졌습니다.

몇 년 전 첫째의 초등학교 입학식에 꽃다발을 가져가지 못했습니다. "엄마만 꽃다발 안 가지고 왔네?"라는 아이의 말에 예전이라면 "미안해. 신경 쓸 일이 많아서 깜박했어. 다음부터는 꼭 챙길게"라고 말했을 것이고, 아이도 저의 미안함을 느끼고, 어쩌면 엄마는 날 우선순위에 두지 않는 사람이라고 인식했을 것입니다. 그렇지만 저는 미안하다고 말하지 않았습니다. "엄마가 입학식 오려고 지난 일주일간 얼마나 열심히 일을 끝내고 온 줄 알아? 엄마한텐 ○○가 가장 소중하니까"라고 했지요. 미안하다는 말보다는 "일보다 무엇보다 네가 가장 우선이야"라는 말을 아이는 듣고 싶었을 테니까요.

머릿속에 자동화, 단순화 이 두 가지 키워드를 지난 10년간 되뇌며 살다 보니 정말이지 제가 변하는 것 같습니다. 특별히 화날 일도, 짜증 날 일도 없어진달까요. 하는 일도 없이 바쁜 것 같다는 생각이 드신다고요? 하는 일이 너무 많아서 그렇습니다. 그러니 다 잘하려는 노력, 꼼꼼하게 모든 것을 챙기려는 마음을 내려놓고 가장 중요한 것이 무엇인지 한 세 가지 정도만 추려보면 어떨까요. 그것만 잘하면 어떨까요.

나머지는 될 대로 되라는 식이면 충분합니다. 우리는 애초에 절대 완벽해질 수 없으니까요.

고민은
성공만 늦춥니다

자신의 방향으로 살아가기

'고민은 배송만 늦출 뿐'이라는 광고 문구가 있습니다. 바쁘게 살다 보니 이 문구에 너무 쉽게 설득당해 버렸습니다. 저는 저 문구가 머릿속에 각인된 이후에는 꼭 갖고 싶은 것이 생기면 샀다가 팔더라도 너무 비싼 것이 아니라면 일단 사는 사람이 되었습니다. 그래서 저도 이 책을 통해 여러분께 한 가지 각인을 남기고 싶습니다. 앞으로 '고민은 배송만 늦출 뿐'이라는 말 대신 이 말이 여러분 머릿속에, 무엇보다 마음속에 깊이 남아주길 바라면서요.

'고민은 성공(행복)만 늦출 뿐'입니다.

유심히 살펴보면 마일리지 아워를 실천하고 사는 사람들이 꽤 있습니다. 아니, 인생의 목적을 잃거나 타의에 의해 끌려다니지 않고, 자신이 원하는 방향대로 살고 있는 사람들은 모두 마일리지 아워를 실천해 온 사람, 실천하는 중인 분이라고 장담합니다. 20대 때 '난 무슨 일이 있어도 하루에 한 시간은 꼭 운동해'라고 말하던 친구들은 30대에, 늦어도 40대에는 모두 탄탄한 몸을 가지고 있고, 30대 때쯤 남들이 '너무 늦지 않아?'라고 하는 말을 흘려듣고, 새로운 일에 도전하고 꾸준히 해온 사람들은 지금 제 나이쯤엔 한 분야의 전문가가 되어있습니다.

할까 말까 했을 때 '한' 사람들만 시간이 흐르고 많은 시행착오를 거쳐 원하는 목표에 도달해 있습니다. 할까 말까 고민하다가 '만' 사람들은 여전히 할까 말까를 고민하고 있거나, 자신은 뭔가 원하는 것을 해내지 못했다는 자괴감에 시달리고 있습니다.

모두가 뭔가를 당장 시작하고 목표하고 이뤄내야 하는 것은 아닙니다. 그러나 이 책을 집어 든 독자는 아마 하고 싶은 일이 있고, 그걸 이뤄낸 성취감이라는 감정과 상태를 욕망하고 있는 사람일 가능성이 높습니다. 인생 관리에 관심을 가지고 고민하는 것 자체가 목표가 있다는 것의 방증이니까요.

여러분이 뭔가 시작하거나 열심히 하지 않으면 그 욕망만큼의 공간을 자책으로 채우게 될지도 모릅니다. 그것이 크든 작든 지금 시작하십시오. 고민은 여러분이 행복으로 나아가는 시간만 계속 해서 늦출 뿐이니까요.

남의 성공은 쉬워 보인다

기업인 신수정 님은 SNS에 매일 10분씩 일하는 사람들을 위한 조언을 남겼고, 이 글들을 모아 『일의 격』이라는 책을 출간했습니다. 책이 베스트셀러가 되었으니, 작가님도 베스트셀러 작가가 된 것입니다. 그는 글을 쓰기 시작한 나이가 40대 중반이라고 말하며 젊은 사람들에게 시작을 강조합니다. 책에 나온 한 연구를 소개합니다. 성공한 사람들을 대상으로 가장 훌륭한 업적을 남긴 나이를 조사해 보니 39세가 가장 많았다는 내용입니다. 왜 39세일까요? 39세에 가장 많은 일을 하고, 가장 많은 논문을 냈다고 합니다. 이 연구의 결과는 '질은 양에서 나온다'라고 작가님은 이야기합니다.

구독자가 260만이 넘는 유튜브 '김작가 TV'의 김작가님은 4년째 영상을 매일 업로드하고 있다고 합니다. 이게 얼마나 어려운 일인지 해본 사람만 알겠지만, 사람들은 참 쉽게 '재능이 참 부럽다', '인생 한 방이다'라고 말합니다. 정말로 재능과 한방만 가지고 평생 원하는 삶을 살고 있는 사람이 있을까요? 목표를 이룬 사람은 대부분 실패를 거친 사람들이며, 그럼에도 불구하고 일어나서 계속해 온 사람들입니다.

실행의 용기를 드리기 위해 잠깐 제 얘기를 해볼까 합니다. 첫 드라마 대본 16부작을 탈고하고 나서 같이 일한 PD님들이 저에게 이런 말을 한 적이 있습니다. "작가님은 16부작이 아니라 100부작 정도 쓰셨어요." 그 말을 듣고 그간 써온 페이지가 얼마나 되는지 노트북을 확인해 봤습니다. 폐기한 습작들, 수정한 것들을 다 합치니 지난 6년간 써온 페이지가 2,500~3,000페이지에 달했습니다. 물론 그만큼을 써도 편성까지 가지 못하는 작품도 많고, 촬영하다가 엎어지는 작품들도 있기 때문에 운이 따라주지 않았더라면 입봉하지 못했을 것입니다. 정말 감사한 일입니다.

그렇지만 만약 일이 기대만큼 잘 풀리지 않았더라도 크게 실망하지 않았을 것입니다. 인생에서 가장 바쁜 시절에 나에게 온 기회를 놓치지 않기 위해 잠을 줄여가며 애썼고, 오랜 꿈이었던 글 쓰는 일에 도전했으며, 일찍 실패하였음에 감사하면 되는 것이니까요. 잘 안되면 며칠 울고, 더 보완해서 다음에 입봉할 기회가 있었을 거라고 저는 생각합니다. 실패의 역사를 썼다면 성공으로 가는 길에 가까워지는 것이니까요.

> 고통을 쌓아야 행복에 가까워지고
> 넘어져서 다시 일어나야 뛸 수 있으며
> 실패의 기록을 남기지 않고 성공으로 가는 법은 없습니다.

어쩌면 이 말은 위 신수정 작가님이 책에서 한 말인 '질은 양에서 나온다'와 같은 말이 아닐까요. 그러니 바로 지금, 시간 적립, 아니 실패 적립 시작해야겠지요?

바쁜 사람의 '알파 시간'

지금 바쁜 당신에게

바쁜 사람에게 일을 주면 더 빨리 결과물을 가지고 온다. 가장 바쁜 사람이 가장 많은 시간을 갖는다는 명언을 들어본 적이 있으신가요? 말장난도 아니고 이게 도대체 무슨 말인지 듣고 넘기기 쉽습니다. 그러나 아직 자신을 젊다고 여기고(나이는 상대적인 것이니까요!), 뭔가 잘해보고 싶은 욕심이 있는 사람들이라면 이러한 말들을 절대로 흘려들어선 안 됩니다.

실제로 하루를 쪼개 바쁘게 사는 사람들에게만 주어지는 선물 같은 시간은 존재합니다. 저는 바쁘게 살아보지 않은 사람들은 절대로 다가갈 수도, 가질 수도 없는 알파 시간이 있다고 믿습니다. 아니. 제가 오랫동안 경험해 왔습니다. 좀 더 구체적인 예를 들어보겠습니다.

- 업무, 육아, 취미활동 등 오늘 내가 하겠다고 마음먹은 일을 열심히 해내고 나서 갖는 한 시간의 휴식은 하루 종일 아무것도 하지 않은 시간 중 한 시간과 비교하면 열 배, 스무 배의 쉼과 행복을 가져다줍니다.
- 업무와 업무 사이 갑자기 급한 일을 처리할 때의 몰입을 경험한 적 있나요. 예를 들면 보고서를 작성하던 중에 누가 갑자기 문장 두 개를 번역해 달라는 업무를 줬는데, 너무 바빠서 5분 만에 해치운 경험. 그런데 5분 만에 처리한 그 일이 한 시간 동안 고민한 문장보다 완성도가 좋다고 느끼기도 합니다.
- 아침에 일어나 시간표를 보니 징검다리식으로 한 시간씩 상담이 잡혀 있습니다. 예를 들어 오전 열한 시, 열두 시, 오후 두 시, 네 시, 다섯 시. 그걸 보고 '열두 시에서 한 시에는 점심을 먹으면 되겠고, 세 시에서 네 시 사이에는 새 책에 들어갈 글 한 꼭지를 완성하자. 다섯 시에서 여섯 시에는 하루 종일 열심히 상담했으니 퇴근 전 신나게 놀아야지' 대략 계획을 하고 출근했는데 그날 생각보다 글 쓰는 게 재밌어져서 새

글을 세 꼭지나 쓰고 퇴근합니다. 하루 종일 시간이 있었다면 세 꼭지를 쓸 수 있었을까요?
- 아침부터 저녁까지 집중해서 일을 하고 퇴근했을 때, 성취감과 만족감이 더 커진 상태여서 아이들의 시간을 더 즐겁게 해줄 에너지가 생겼던 경험. 내가 오늘 할 일을 마쳤다는 기쁨만으로 새롭게 에너지와 시간이 생기는 경험, 해보셨죠?
- 회사에서 '진상'을 만나 골머리를 앓다가 도저히 집중이 안 될 것 같아서 근처 카페에서 잠깐 음악을 들으며 커피를 한 잔 마시고 왔는데 '지가 그러든지 말든지' 하는 마음의 철벽이 생겨 다시 업무에 집중할 수 있게 된 적도 있습니다.

이런 알파 시간, 엄밀히 말하면 알파 효율은 참 신기하게도 꼭 바쁠 때 경험하게 됩니다. 인간의 뇌와 마음이 그렇게 설계된 것일까요?

"변호사님 그렇게 바빠서 어떻게 살아요? 항상 일보다 중요한 게 뭔지 생각하셔야 해요" 하고 조언을 해주는 사람이 가끔 있습니다. 그런데 바쁘게 살아본 사람일수록 일보다 중요한 것이 뭔지 더욱 제대로 알게 됩니다. 이것 또한 바쁜 사람에게 주어지는 선물이랄까요. 너무 바쁘기 때문에, 바쁘지 않은 날이, 그냥 흘려보내는 하루가, 쫓기지 않는 1분 1초가 얼마나 소중한지 알게 되고, 시간이 없는 와중에 시간을 쪼개서 누군가를 만나려 하는 내 자신을 볼 때 그 사람을 얼마나 중요하게 생각하고 있었는지 알게 되며, 하루 종일 나만 기다리는 아이들에게 빨리 달려가기 위해서 낮시간 내내 몰입하는 경험을 통해 내가 아이들을, 가정을 얼마나 지키고 싶어 하는지 더 잘 알게 됩니다.

내가 바빠 봤기 때문에 다른 사람의 한 시간이 얼마나 소중한지 알고 그 사람이 내게 내어준 시간을 만족스럽게 채워주고 싶은 노력을 하게 되며, 그러한 노력으로 인해 내가 더 성장할 수 있습니다. 간혹 며칠 여행이라도 가게 되면 이게 천국인가 하며 더 큰 감사함을 느끼기도 합니다.

그러니 지금 바쁘다면, 숨이 턱까지 찼다면, 당신은 시간을 벌고 있다고 말해주고 싶습니다. 그리고 평생 그렇게 바쁘게 지내진 않을 거라고, 번 시간만큼 여유로운 보상의 시간이 미래에 넘치도록 돌아온다는 말도 함께요.

마감을 정하는 방법

이미 검증된 제한 시간 사용법

"일은 주어진 시간을 모두 채워서 팽창한다."

영국의 시릴 파킨슨 Cyril Parkinson이 발표한 파킨슨의 법칙입니다. 칼 뉴포트 Cal Newport라는 작가는 저서 『딥 워크』에서 "제한된 시간 안에서 몰입하면 훨씬 더 높은 성과를 낼 수 있다. 집중하는 삶이 최선의 삶이다"라고 이야기했습니다. 저 또한 앞선 글에서 시간을 적립하는 방법의 하나로서 마감을 정해 몰입하는 것의 중요성을 언급한 바 있습니다.

한 시간 동안 충분히 할 수 있는 일을 하루 종일 붙잡고 있었던 적, 두 시간이 소요될 것이라 예상하고 시작했는데 집중해서 30분 만에 끝내서 상쾌했던 경험, 누구에게나 있을 것입니다. 그런데 회사에서 직장 상사가 마감을 정해주는 것 외에 일상에서 마감을 정하며 나를 훈련하는 게 가능합니다. 여기서 제가 일상에서 사용하는 마감 정하는 방법을 공유해 보려고 합니다.

① 장기적 마감 정하기

이번 달 안에는 대본 3부를 무슨 일이 있어도 마무리한다, 새 책의 목차를 정하고, 그중 한 챕터는 무조건 초안을 다 쓴다, 이렇게 한 달의 마감을 정합니다.

② 단기적 마감 정하기

매주의 마감을 정합니다. 이번 주말까지 새 책 원고 다섯 꼭지 초안을 완성하고, 아이들과 신나게 놀아주기. 이번 주 수요일까지 종합소득세, 아이들 학원비 다 내기, 다음 주 수요일까지 대본 4부 스토리 머릿속으로 구상 끝내기.

단기적 마감을 정해놓고 일정표에 적습니다. 적어놓고 내내 그것만 생각하거나, 고민하는 일을 멈춥니다. 그냥 실행합니다.

③ 매일의 마감 정하기

지금 쓰는 글을 두 시간 안에 마무리하기. 일단 너무 쫓기면 스트레스가 올 수 있으니 한 시간 동안 마무리할 수 있는 보고서, 서면 등의 글쓰기 업무에 두 시간 정도 사용하기. 여유 있게 마감을 정해놓고 일을 하다 보면 '어? 이거 두 시간 아니라 40분이면 끝내겠는데?' 하는 생각이 들 때가 있습니다.

시간을 좀 더 쓰고 싶은 그런 욕심이 마음속에서 올라온다면 초단기 마감을 정합니다. 집에서 배달 음식을 시키면 주문한 다음 음식이 집에 도착하기까지 40분이 걸립니다. '음식이 오기 전에 깔끔하게 마무리하고 아이들과 맛있게 먹어야지' 하는 즐거운 마감을 정할 수 있습니다. 특히, 단기 마감일수록 이렇게 즐거운 것이어야 더 효율이 오른다는 것은 오랜 경험을 통해 터득한 방법입니다.

즐거운 마감의 구체적인 예

제가 평소에 자주 사용하는 방법들을 공유해보겠습니다.

- 평소에 갖고 싶었던 물건을 미리 사고 배송 기간 며칠 동안 할 일을 다 끝낸다.
- 아침에 일어나 친구와 번개 약속을 잡는다. "오늘 저녁에 나랑 아귀찜 먹으러 갈래? 내가 살게!(갑작스러운 약속을 잡을 땐 내가 사기)" 질러 놓고 아귀찜을 생각하며 하루의 업무를 몰입해서 마친다.
- 이번 주 평일, 할 일이 정말 많음에도 불구하고 문득 아이들에게 "주말에 엄마가 키즈카페 데리고 갈게"라고 말해놓고 주말에 아이들과 마음 편히 놀 수 있게 평일 매 순간 집중한다.
- 금요일에 주말 동안 읽을 책을 주문하고, 토요일 오전 따끈따끈하게 배송된 책 주말 내내 읽으며 힐링하기.

저의 오늘 단기 마감은 오후 상담 전, 오전에 새 책 원고 두 꼭지 쓰기였습니다. 오늘도 마감을 정하고 글을 쓴 덕에 상쾌한 마음으로 상담하러 갈 수 있게 되었습니다.

해보지도 않고 '에이, 난 절대 저렇게는 못 살아', '여유롭게 일하는 게 난 좋아'라고 생각하고 계시는 분이 있다면, 일단 딱 일주일만 마감을 정하고 집중해서 일해보세요! 꼭 말해주고 싶어요.

나만의 시간은
꼭 지켜 냅니다

오직 당신만을 위한 시간, 언제 가져봤나요?

하루에 한두 시간씩 미래를 위해 적립해 나가면 축적된 시간이 복리로 불어나 우리가 원하는 삶의 방향으로 이끌어 줄 것이란 개념. 마일리지 아워에 대해 앞에서 쭉 이야기했습니다. 마일리지 아워는 꼭 자기계발이나 경제적 성장을 위해 나아가는 방향만을 의미하는 것이 아닙니다.

우리는 너무 많은 관계, 책임, 의무 속에서 살아가고 있습니다. 그러다 보니 내가 정말 원하는 삶은 무엇인지 생각할 시간, 즉 내 정체성을 알아낼 시간을 쉽게 잊곤 합니다. 그저 남들의 인생과 비슷하게 삶을 구성하고 아무 생각 없이 살아가고 있지는 않은가요?

제가 매일 시간을 적립해 나가자고 말하는 것은 타인이 아닌 내 마음이 향하는 곳을 향해 매일 조금씩 다가가자는 의미입니다.

오늘 하루, 오직 나만을 위해 쓴 시간이 얼마나 되는지 한번 생각해 보세요. 학생이라면 학교 성적을 잘 받기 위해 과제 하기, 용돈을 위한 아르바이트. 전업 주부라면 아침에 아이들을 등원시키기, 집을 치우고 장을 보기. 직장인이라면 보고서 작성, 동료들과 저녁에 한 잔. 이런 시간은 누군가의 시간을 아껴주는 일이거나 나를 조금씩 성장시키는 일이며 맡은 책임과 의무 속에서 우리의 일과이기도 하지만 엄밀히 따지면 온전히 나를 위한 시간은 아닙니다.

학생의 수업과 과제, 경제활동은 사회에서 정해놓은 과정을 마치기 위함이고, 주부의 돌봄과 가사일은 가족의 시간을 아끼고 안위를 지키기 위함입니다. 회사의 업무는 누군가에겐 정말 자신이 원하는 일로 나아가는 확실한 길이기도 하겠지만 그냥 성적과 전공에 맞춰 들어간 직장은 단순한 밥벌이 수단이 되기 쉽습니다.

모두 사회의 일원으로서 중요한 일, 가족과 세상에 꼭 필요한 일이지만, 그 일들이 모두 온전히 나를 행복하게 해주는 길이라고 확신할 수 있을까요?

내가 진짜 좋아하는 일, 가고 싶은 길은 나만 알고 있습니다. 마일리지 아워는 시간을 '관리'하는 차원을 넘어서 내 삶을 회복하는 도구로서의 역할을 해줍니다. 변호사라는 본업을 두고 지난 10년간 매일 글을 썼던 것은 어린 시절부터 제 안에서 꿈틀대던 작가라는 꿈을 이루기 위해, 혹시 꿈을 이루지 못하더라도 나를 회복하기 위함이었습니다.

늘 모자란 시간 속에서 나를 회복하고, 발전하는 시간을 만들어 내기 위해 틈이 날 때마다 글을 썼습니다. 하루 한 시간의 글을 매일 쓰다 보니 글을 쓰는 속도도 기술도 늘고 나중에는 한 시간에 쓰는 양이 늘어났고, 아이들이 크고 나니 커가면서 하루 두 시간, 세 시간의 시간이 생겼습니다. 글쓰기뿐 아니라 운동, 미술관 가기, 혼자 밥 먹기 등 누군가와 시간을 보내기 위해, 소통하기 위해 만드는 시간이 아닌 온전히 내가 원하는 것을 하기 위한 회복의 시간을 30대 내내 어떻게든 악착같이 만들어 낸 덕분에 40대가 된 지금은 내가 어떻게 하면 행복해지는지, 어디에서 무엇을 할 때 피로가 가시는지 잘 알게 되었습니다.

마일리지 아워는 저에게 가장 큰 자존감의 원천이자 삶의 노하우가 되었습니다. 다른 사람이 뭐라고 하든 전혀 신경 쓰지 말고 자신의 길을 가셨으면 합니다. 며칠이 멀다 하고 불러내는 친구, 내가 챙겨주는 것을 당연하게 여기는 사람들, 그냥 왜인지도 모르게 언제부턴가 같이 다니는 사람들에게서 떨어져 나라는 사람을 들여다봐 주세요. 내가 어떤 사람을 좋아하는지, 왜 이 사람과 어울리는지 이유도 모른 채 누군가와 맹목적인 시간을 보내지 마세요. 그럴 바엔 나 자신과 혼자 보내는 시간이 훨씬 더 유익합니다.

20대, 30대에 나만의 시간을 악착같이 지켜 낸 사람들은 40대, 50대가 되어서 자신이 원하는 사람들과 관계하고, 원하는 일을 하며, 원하는 만큼의 경제적 안정을 얻을 수 있습니다. 청춘의 시기에 자신에 대해 공부하거나 몰입하지 않고 흘려보낸 사람들은 결국 그 채무를 40대, 50대에 갚아야 합니다. 그러니 이 책을 읽는 독자분들은 당장 거울을 보고 자기 자신에게 얘기를 걸어 보세요. 눈을 똑바로 마주치세요. '너 앞으로 어떻게 살고 싶니? 지금부터 내가 도와줄게' 하고요.

쉼은 만들어야 생깁니다

내 쉼은 내가 챙긴다

'이번 프로젝트 끝나고 쉬어야지.'

'올해는 열심히 살고 내년엔 좀 놀아야지.'

'앞으로 3개월은 죽었다고 생각하고 달려 보자.'

이런 계획 세워보신 적 없으신가요? 저는 이런 적이 매우 많습니다. 성격이 급하기도 하고 빨리 결과물을 보고 싶은 사람이라서 그렇습니다. 그러나 꽤 긴 시간을 쉼 없이 집중하고 달려보겠다는 계획은 대부분 실패했습니다. 3개월 동안 하루도 빠지지 않고 헬스장에 가서 근육 1kg을 만들어 보자고 계획을 세운 적이 인생에서 열 번도 넘지만 대부분 2주 안에 그만뒀고, 6개월 동안 누구도 만나지 말고 일만 해보자, 1개월 동안 유튜브 시청을 끊자, 커피를 아예 끊어보자, 연말까지 매일 아침 채소 주스를 갈아 먹자, 쉬지 않고 일해서 이 사건을 한 달 만에 다 끝내자. 이렇게 나 자신을 심하게 속박하는 계획들은 번번이 무너졌습니다.

난 왜 이렇게 정신력이 약할까, 의지박약이라며 또 저를 괴롭히고, 다시 마음을 먹고 달리기 시작하고, 또 무너지고 그러다 나 자신이 미워져 나를 미워하기 위해 따로 시간을 내서 그 시간을 온전히 허비하기도 했습니다. 그러다 알게 된 사실은 '열심히 일한 자, 떠나라!' 같은 일이 끝나 찾아오는 쉼보다는, 할 일이 많고 힘든데 그 일을 장기적으로 해야 할수록 반드시 중간중간 쉼을 챙기는 것이 결국은 가장 좋다는 것이었습니다. 중간에 쉬어주는 것이 저에게는 쉼의 효율, 일의 효율에 있어 훨씬 더 나은 방법이며 이 방법만이 나를 멀리 갈 수 있도록 하는 방법이었습니다.

그래서 저는 바쁠수록, 힘들수록, 괴로울수록 짧은 쉼을 챙깁니다. 열심히 일할 때 비타민을 챙겨 먹듯이, 매주 한 가지라도 저만의 낙이나 행복, 좋아하는 것을 채우려고 합니다. 주말에는 의식적으로 집에서 나가서 몸을 움직이며 일이 아닌 다른 생각을 하고 쉼을 악착같이 챙기는 것이, 월요일이 되었을 때 일의 효율을 훨씬 높여줍니다. 실제로 주말에 하루 종일 멍을 때리는 것이 뇌의 효율에 더 좋다는 기사를 본 적도 있습니다.

저는 미술관을 참 좋아해서 시간이 될 때 얼른 미술관에 가서 한두 시간이라도 미술을 봅니다. 바쁘다고 해서 김밥으로 식사를 때우는 것이 아니라, 그 시간이 퀄리티 타임이 될 수 있도록 잠깐이지만 꼭 먹고 싶은 것을 검색해서 먹으러 다녀오기도 합니다. 좋아하는 친구를 한 시간이라도 만나기도 하고, 일이 다 끝나고 어떤 휴가를 보낼지 검색하며 상상으로 미리 여행을 떠나기도 합니다. 주차장에 세워놓은 차에서 30분 동안 좋아하는 노래를 크게 부르기도 하고 가끔은 자주 먹지 않는, 프라푸치노 같은 달콤한 음료를 저에게 포상으로 사주기도 합니다.

참 별거 아니지만 실제로 바쁜 사람이 스스로에게 이런 쉼을 챙겨주는 것은 쉬운 일이 아닙니다. 우리는 하나의 일에 집중하면 우선순위의 다음에 있는 것들은 다 미루기 마련이니까요. 쉼 챙김의 효과는 놀랍습니다. 자주 챙기는 짧은 쉼이 연료가 되어서 일을 더 행복하게, 길게 하도록 도와주니까요.

여러분은 오늘 뭘 하며 쉬셨나요? 저는 저녁에 욕조에 아로마오일과 좋아하는 입욕제를 넣고 반신욕을 하며 밀린 드라마를 보려고 합니다.

뇌의 모드를 일과 쉼으로 휙휙 전환하는 능력을 키워보세요. 여러분이 생각한 것보다 훨씬 먼 곳까지 갈 수 있을 것입니다.

하루 한 시간의 운동, 그림 그리기, SNS에 일상 올리기 등등. 하고 싶은 일이 있었는데 아직 직업으로 이어지지 못했다면 그냥 하루에 한 시간씩 쌓아올려 보시면 어떨까요. 그게 5년 후, 10년 후 아니면 20년 후일지라도 언젠가 당신을 뉴욕으로, 파리로 데려다 줄 지도 모릅니다.

나중에 꼭 저에게 연락주세요. 하루에 한 시간으로 정말로 제 인생도 달라졌다는 연락, 간절히 기다리겠습니다. 지금 이 글 읽고 있는 독자님, 할 수 있습니다. 꼭 큰 성과가 아니더라도 분명히! 인생은 달라집니다.

다 잘하려는 노력, 꼼꼼하게 모든 것을 챙기려는 마음을 내려놓고 가장 중요한 것이 무엇인지 한 세 가지 정도만 추려보면 어떨까요. 그것만 잘하면 어떨까요.
나머지는 될 대로 되라는 식이면 충분합니다. 우리는 애초에 절대 완벽해질 수 없으니까요.

준비 과정보다 시행착오가 많은 삶을 살았으면 좋겠습니다. 여러분의 '실패 일기' 지금부터 써보시면 어떨까요? 바로 지금 시작해 보세요!

모든 것은 우리가 어떻게 생각하는 것이냐에 완전히 달려 있다는 것. 이 단순한 진리만 잊지 않는다면 작든 크든 우리 인생의 단기적, 장기적 선순환 구조를 만들어 낼 수 있습니다.

오늘 하루, 오직 나만을 위해 쓴 시간이 얼마나 되는지 한번 생각해 보세요.

당장 거울을 보고 자기 자신에게 얘기를 걸어 보세요. 눈을 똑바로 마주치세요.
'너 앞으로 어떻게 살고 싶니? 지금부터 내가 도와줄게' 하고요.

Chapter 3

루틴은 인생을 버는 가장 쉬운 방법입니다

나만의 하루를 설계하기

Mileage Hour

바쁠수록 정신을 집중해서
내일의 나를,
모레의 나를,
다음 주의 나를
한번 믿어보세요.
제발 좀 믿어주세요.

부정적인 생각에서 벗어나세요

마음가짐은 뇌 효율이다

30대의 저에게는 시간이 참 부족했습니다. 뭔가를 잘 해보려고 해도 시간이 없다 보니 먹는 것도, 노는 것도, 일도, 육아도, 뭐 하나 제대로 하는 게 없다는 생각에 사로잡혔습니다.

일이 잘 풀리지 않을 때마다 '이게 다 시간이 없어서 그래!' 하며 살다 보니 어느 순간 그 생각에 완전히 갇혔습니다. 통제할 수 없는 요소의 결핍에 계속 화가 났고, 화가 잘 다스려지지 않으니, 식사도 숙면도 제대로 하지 못하는 악순환이 일어났습니다. 30대 중반이 되면서, 시간은 여전히 계속 없고 어차피 누구에게나 시간이 완전히 넉넉할 수는 없다는 생각이 들었습니다.

'시간이 없어서'라는 말은 더 이상하지 말자, 모든 순간에 최선을 다하고, 쫓기는 마음을 버리고, 매 순간의 효용을 높여보자, 그러면 몇 배로 살 수 있지 않을까? 육아도, 일도 다 해내야 하는 상황에서 시간이 없는 것은 당연하잖아. 두 가지의 선택지 중 하나를 고르면 이렇게 맨날 쫓기진 않을 거야, 하지만 난 하나만 선택할 생각이 없으니 그저 매 순간을 잘 쓰는 방법밖에 없어. 가지지 못한 것을 가지려 하면 스트레스가 더 몰려올 뿐이니까.

마음의 말을 매일 들었습니다. 그래서 매시간 집중하려고, 부정적 생각에 잠식되지 않으려고 30대 중후반의 시간 동안 부단히 노력했습니다.

매일 같은 시간에 같은 일을 해내고, 스트레스가 몰려오면 긍정적으로 생각하며, 집중력을 높이려는 훈련을 수년간 했더니 놀랍게도 점점 시간이 부족하지 않아졌고, 오히려 삶이 단순해 지며, 여유까지 생기는 경험을 하게 되었습니다. 물론 시간이 흘러 물리적으로 내 일을 대신할 만한 직원들이 늘고, 경험이 쌓여 일을 더 효율적으로 잘하게 되었다는 원인도 있습니다. 이 경험을 통해서 저는 결국 '마음가짐'

이 시간 관리에 가장 필수적인 요소라고 생각하는 사람이 되었습니다. 그 마음가짐이라는 것은 결국 자신의 뇌를 어떻게 효율적으로 사용하며 관리하는지의 문제임도 알게 되었습니다. 결국 뇌의 프로세싱에 끌려다닐 것인가, 내가 그것을 조절하는 사람이 될 것인가에 달린 문제였습니다.

뇌과학자 질 볼트의 90초

뇌졸중으로 좌뇌의 기능을 잃게 되었다가 다시 회복한 뇌과학자 질 볼트 Jill Bolte의 강연을 듣게 되었습니다. 질 볼트는 좌뇌의 기능을 잃고 나서 놀랍게도 평온하고 행복한 상태에 이르렀다고 하였습니다. 다시 기능을 회복하고 싶은 생각이 들지 않을 정도로 마음이 편안했다고 합니다. 8년간의 치료와 훈련을 거쳐 뇌 기능을 다시 회복하고 나서는 좌뇌가 어떤 기능을 하고 있었으며, 어떻게 하면 자신이 그것을 조절하는지 알게 되었다고 합니다.

뇌과학자가 뇌의 기능을 잃어본 것이니 그 누구보다도 그것의 있고 없음에 대해 더 잘 느끼고, 인지했을 것입니다. 좌뇌는 논리적, 이성적, 비판적 기능을 하는 것으로 알려져 있습니다. 이 기능으로 서사를 만들고, 부정적인 생각도 만들며, 언어를 통해 자신의 정체성을 확립해야 한다고 합니다.

어떤 상황에서 좌뇌가 입력값에 대해 출력하면 우리는 그 출력의 결과물에 따라 부정적 생각, 슬픔, 고통에 빠져드는 것이라고 합니다. 예를 들어 어떤 상황에 내 자존심이 상하고 화가 나는 것이 좌뇌가 하는 일인데, 이 출력은 90초간 이루어진다고 그는 말했습니다. 그 90초 뒤부터 그 생각을 더 강화하거나, 돌이키지 못하는 행동으로 일을 키우는 것은 자신의 책임입니다.

그러니 화가 나든, 부정적 생각이 들든 90초 이후에 자신이 이것을 잘 누그러뜨리기 위해 일부러 몸을 움직여 생각과 마음을 환기하거나, 긍정 회로를 돌리라고 그는 강권합니다. 보는 것, 듣는 것 등의 감각에 집중하여 자신이 존재하는 순간에 몰입하라는 것입니다. 뇌과학 전문가가 아닌 제가 강연을 듣고 요약하다 보니 조심스럽지만, 저는 이 강연에서 큰 감명을 받았습니다. 그래서 꼭 독자분들과 나누고 싶었습니다.

고통스럽고, 자존심 상하고, 괴로운 생각이 든다면 이 생각에 몰입되지 않도록 나만의 루틴을 만들어 보면 어떨까요. 자기 일에서 성과를 내고, 그 일을 지속 가능하게 해나가는 사람들 역시 대부분 비슷한 말을 하고 있습니다. "부정적 감정에 몰입되지 말아라.", "쾌락이 나에게 줄 수 있는 것은 딱히 없다.", "건강한 루틴을 만들어라.", "너무 복잡하게 생각하지 말고 단순화하라."

우리는 어쩌면 오래 이런 말을 들어왔고, 답을 알고 있습니다. 다만 실천은 쉽지 않습니다. 실천이 어려운 이유는 내가 그런 사람이 될 수 없을 거라는 생각에 사로잡혀있기 때문일지도 모릅니다. 저 역시 우뇌든 좌뇌든 가만히 있지 못하고 재잘거리는(질 볼트 박사의 '뇌가 재잘거린다'라는 표현에 따름) 타입이라 단순해지는 것이 가장 어려운 사람이었습니다. 물론 지금도 그게 완전히 된다고 말하지 못합니다. 그렇지만 확실히 정말 많이 좋아졌다고는 말할 수 있습니다. 쓸데없는 생각, 사소한 걱정, 부정적 감정을 어느 정도라도 조절할 수 있는 사람이 되었다는 것. 그것만으로 만족합니다.

내가 처한 부정적 상황, 다른 사람과의 비교, 좌뇌의 출력값에 잠식되지 마십시오. 생각을 바꾸면 장기적으로 상황을 바꿀 수 있습니다. 누군가가 그냥 하는 말이 아닌 '과학'으로 밝혀진 결과입니다. 믿어도 될 것 같습니다. 믿으면 무조건 이익입니다.

내일 할 일을
오늘 하지 않습니다

미래의 걱정을 끌어오지 않기

마치 절대 불변의 진리처럼 세상에 퍼진 숱한 말이 참 많습니다. 주변을 잘 정리정돈하는 사람만이 일에서 큰 성과를 낼 수 있다거나(제가 아는 큰 성과를 내신 분들은 오히려 주변 정리할 정신없이 살다 뒤늦게 하시는 분들이 더 많습니다), 아침은 꼭 든든하게 먹어야 한다거나(공복에 흰 쌀밥 먹으면 혈당 스파이크 오는 거 다들 아시죠), 부부가 각방을 쓰면 이혼하기 쉬우니 꼭 한 침대에서 자야 한다거나(수면 습관과 패턴의 다름을 인정하고 신혼부터 각방을 쓰면서 오히려 잘 지내는 분들 정말 많습니다) 하는 말들 말입니다.

20대에는 비판적 사고를 잘 못해서 무조건 진리라는 말들을 따르려고 했던 것 같습니다. 시간이 지나며 조금씩 드는 생각은 오히려 나 자신을 잘 알고, 나에게 맞는 진리를 찾아내는 것이 더 중요하다는 것이었습니다. 나에게 무조건 먹히는, 나만의 진리 찾기. 제가 찾은 나만의 진리 중 하나는 '내일 할 일을 오늘 하지 않기'인데요. 조금 생소하시죠? 이 생각을 하고부터 제 삶에 큰 변화가 왔습니다.

워킹맘이 된 30대, '이러다가 결국 일이고 육아도 제대로 못 하고 내 30대가 다 가버리겠구나…' 하는 공포감에 잠도 잘 못 잤습니다. 불안함에 절절매며 어떤 날은 오른쪽에 재판 서류를 놓고 왼쪽에는 직원들로부터 받은 결재 서류를 놓고 보며 처리하고, 마음속으로는 다음 날 방송에서 무슨 말을 할지 고민했습니다. 매일 머리에 과부하가 걸려 두통이 왔습니다. 이미 충분히 본 재판 서류를 또 보고 또 보고, 그러면서도 '다음 주 방송 메이크업 예약해야지!' 하는 생각이 떠오르면 메이크업 샵을 검색해서 예약하고, 갑자기 아이 선생님의 부재중 연락이 생각나면 잠깐 통화하고 왔다가 처음부터 다시 집중하는 멀티 플레이(?)를 수년간 반복했습니다.

정신을 어디 빼놓고 사는 사람처럼 허둥지둥거리면서 난 왜 이렇게 시간이 부족한가 하고 불평이 쌓여갔죠. 그런데 그 어떤 노력을 해도 24시간보다 시간을 더 가질 수 없습니다. 이러다가 내가 죽겠다는 절실함에 30대 중반부터는 저만의 비법을 만들어 나가게 되었습니다.

나를 믿는 훈련

그 방법 중 가장 당시의 저를 구한 것은 내일 할 일을 오늘 하지 말고, 세 시간 후에 할 일을 지금 하지 말자는 것이었습니다. 얼핏 들으면 좀 무책임하거나 위험하게 들릴 수 있지만, 저에겐 이보다 효율적인 시간 관리 비법이 없었습니다. 내일이나 모레 해도 되는 일을 미리 당겨서 오늘, 지금 하다 보면 같은 일을 반복하고, 당장 해야 하는 일에 방해를 주는 상황이 올 수 있습니다.

예를 들어 다음 주에 출연할 방송 대본이 오늘 이메일에 도착해도 다음 주 방송 전날이 될 때까지 그 이메일을 열어보지 않는다면 결국 그 대본은 그 전날 다 숙지할 수밖에 없습니다. 대신 그 대본은 오늘이나 내일의 일에는 방해를 주지 않습니다.

저나 여러분의 머릿속, 어딘가에서 이 방법을 이미 알고 있으면서 사실 계속해서 며칠 후, 몇 주 후, 간혹 몇 달 후의 일까지 당겨오는 이유는 결국 '불안감, 나에 대한 불신'에서 오는 거더라고요. 시간의 효율을 가장 방해하는 것은 사실 내 불안감과 공포였습니다. 여러분, 바쁠수록 정신을 집중해서 내일의 나를, 모레의 나를, 다음 주의 나를 한번 믿어보세요. 제발 좀 믿어주세요.

다만 '내일 할 일을 오늘 하지 마라' 이 명제를 내 것으로 하기 위해서 전제가 하나 필요합니다. 내가 본업에 전문성을 갖추기 위해 노력했던 시간, 실수하지 않기 위해 헤맨 나날, 본업의 업무를 깔끔하게 처리하는 데 필요한 시간에 대한 축적된 데이터. 이것들을 통한 깊은 자기 신뢰가 필요합니다. 믿음은 결국 오랫동안 쌓인 데이터를 통해 이루어지는 것이니까요.

그렇다고 하루아침에 다음 주의 나를 신뢰하게 되는 것은 절대 아닙니다. 이런 방향성을 갖고 있는 것과 충분히 경험이 쌓였는데도 계속되는 자기 불안을 해소하지 못하고 결국 시간을 더블 체크 작업에 다 내줘버리는 것은 조금 다른 문제입니다.

이 책을 읽고 계신 우리 독자분은 지금 인생의 어느 시기에 와 있나요? 혹시 사회 초년생이시라면 아직은 이 조언이 조금 이를 수 있습니다. 그러나 언젠가 쌓인 데이터를 통해 나를 신뢰할 수 있을 거라는 '확신'을 가지십시오. 그러면 시간이 흐른 후의 당신은 정말로 그렇게 되어있을 것입니다.

어떤 일을 하며 열심히 달려온 지 5년 이상이 되었나요? 일에 대한 고객 또는 주변의 평가가 괜찮은가요? 객관적인 평가지표가 나쁘지 않음에도 거울 속의 얼굴은 점점 빛을 잃어가고 운동할 시간도, 맛있는 음식을 먹을 시간도 전혀 없나요? 그렇다면 이제 '일 근육'보다 '마음 근육'을 좀 더 훈련해야 하는 시기가 왔습니다. 나를 믿는 훈련을 해보세요. '누군가 해주겠지'라는 말은 세상에서 가장 무책임한 말이지만 '내가 결국 하겠지'라는 말은 정말로 근사한 말 아닌가요?

'그동안 잘해왔잖아. 한 번도 그런 실수 한 적 없잖아. 왜 아직도 그렇게 불안해하니? 다음 주에 몰려올 일 미리 생각하느라 오늘 하루 우중충한 얼굴로 보내지 말고, 오늘 일이 다 끝났다면 운동이나 음악 듣기, 또는 나를 충전시킬 수 있는 무언가로 딱 한 시간이라도 마음 근육을 훈련하자.'

딱 결심해 보세요. 분명 더 효율적일 겁니다. 아자!

100일 집필 프로젝트

아버지의 소중한 유산

　제가 세상에서 가장 사랑하고 존경하는 아버지는 젊은 시절 수십 년간 대기업 인사팀에 계셨습니다. 그래서 저를 데려다주시던 차 안이나, 여행에서의 산책, 식사 자리에서 종종 사람을 어떻게 대해야 하는지, 사회인으로서 어떻게 자신의 이미지를 만들어야 하는지 가끔 이야기해 주셨습니다. 그 한마디, 한마디가 주옥같아서 "아빠, 나한테만 얘기하지 말고. 지금 하는 말 꼭 책으로 써서 많은 사람이 볼 수 있게 해줘"라고 종종 말했습니다.

　아버지는 안 그래도 인생에 저서 하나쯤은 갖고 있는 것이 로망이었다고 책을 쓸 준비를 할 거라고 하셨습니다. 면접에 관련된 책을 쓰겠다는 목표로 시간이 날 때마다 각종 관련 책을 사서 읽으셨고, 신문에 면접에 관한 기사가 나면 오려서 꼼꼼하게 스크랩도 하셨습니다. 그렇게 자료를 모으기 시작한 지 1년이 지나고 3년이 지나서 5년쯤 지난 어느 날, 기다림에 지쳐서 "아빠, 도대체 책 언제 나와?"하고 물었더니 아직 준비가 조금 더 필요한 것 같다고 말씀하셨습니다. 지금 생각해 보니 아버지는 바쁘기도 하셨겠지만, 모든 준비를 마쳐야 직성이 풀리는 파워 J였던 것입니다.

어느 날 저녁에 집에 갔더니 엄마와 아빠가 제 인생에서 목격한 것 중 최대 규모의 부부싸움을 하고 계셨습니다. 아버지가 제 얼굴을 보자마자 "유나야! 아빠가 그동안 모은 자료들 알지? 글쎄 네 엄마가 그걸 다 갖다 버렸어!"라고 하시는 겁니다. 아버지의 책을 눈 빠지게 기다리던, 아버지 책의 첫 번째 독자를 꿈꿔온 저였기에 아버지보다 더 화가 나서 엄마에게 소리를 질렀습니다.

엄마가 오래된 책들을 정리하며 책장 사이에 있던 자료를 모르고 같이 버리셨던 것이었습니다. 아버지는 분리수거장을 뒤지고 오셨습니다. 이혼하느니 마느니 하는 말까지 오갔습니다. 엄마는 예전에 아빠가 새로 맞춘 정장을 그대로 갖다 버린 전력이 있으셨는데, 지금 생각해 보니 아빠가 파워 J라면 엄마는 미니멀리스트였습니다.(엄마는 일흔이 다 되신 지금도 제 물건을 묻지도 않고 자꾸만 갖다 버리셔서 여전히 저와 다툽니다.)

아버지는 몇 년 후 50대 중반에 암 말기 진단을 받았습니다. 아버지와 병상에서 이런저런 옛날얘기를 하다가 그 싸움 얘기가 나와 함께 웃었습니다. 그때 아버지가 제게 이런 말씀을 하셨습니다. "유나야, 아빠가 화가 났던 대상은 어쩌면 엄마가 아니라 바로 실행하지 못한 내 자신이었어. 아빠는 하고 싶은 거 정말 많았거든? 근데 바쁘다는 핑계로, 준비가 부족하다는 핑계로 다 하지 못한 게 이제 와서 아쉽네. 우리 딸은 뭐든 용기 있게 바로 실천에 옮기면서 살아. 인생 정말 뭐 없다?"

아버지가 돌아가시고 나서 자연스레 '난 언젠가 아버지가 다 하지 못하고 가신 책 집필, 그거 꼭 해야지. 그럼 아버지께서 하늘에서 기뻐하시겠지' 하는 생각을 하게 되었습니다. 그리고 준비보다 더 중요한 건 실행이라는 것도 마음속에 새겼습니다. '첫 책은 완벽히 하기보다는 내는 데에 의의를 두자. 바쁘지만 시간을 어렵게 내서 쓰는 그 순간 최선을 다한다면, 그 자체로 괜찮은 책 아닐까' 하면서요. 바로 시작하라는 교훈은 아버지께서 제게 남겨주신 큰 유산 중 하나입니다.

작가가 되고 싶으세요?

첫 책은 SNS에 연재했던 만화들을 엮어 비교적 수월하게 출판하였습니다. 다음 책을 쓰겠다고 생각하니까 부정적인 생각들이 떠올랐습니다. '내가 책을 쓴다고 누가 보겠어.', '내 얘기가 딱히 남한테 도움이 되는 얘기가 아니면 어떡하지.' '오래 공부하고 다양한 레퍼런스를 인용한, 오래 준비한 책도 많을 텐데, 이렇게 바쁘면서 책을 쓰면 혹시 질이 너무 떨어지진 않을까.' 막상 뭘 하려고 하니 또 나 자신을 방해하는 것은 결국 내 자신이었습니다.

그러던 어느 날 이러다 결국 책을 못 쓰겠다 싶었습니다. '미루고 미루다가 5년, 10년이 가겠구나.' 벼락을 맞은 거 같았습니다. 아이를 재우고 갑자기 식탁 의자에 앉았습니다. 하늘에서 보고 계실 아버지를 생각하며 '100일 집필 프로젝트'라고 이름을 짓고 혼자만의 프로젝트에 돌입하였습니다.

'하루에 딱 A4 한 장만 쓰자. 더도 말고 덜도 말고 매일

한 장씩 100장만 채우고 생각하자.' 주말을 제외하고 하루에 한 장, 나와의 약속을 지키니 5개월 정도 후에는 100장이 완성되었습니다. 그렇게 나온 책이 두 번째 책 『혼자와 함께 사이』입니다. 결혼 생활의 마무리를 돕는 일을 10년 넘게 하면서 어떻게 하면 이혼이라는 극단적 상황에 치닫지 않을지 제가 보고 느낀 것을 정리한 에세이입니다.

이 책은 기대보다 많이 사랑받았고, '사랑하는 사람과 잘 사는 법' 같은 관계에 대한 강연의 기회를 많이 가져왔으며, 클래스 101에 '결혼 학교'라는 클래스를 론칭하는 계기가 되어주기도 했습니다. 무엇보다도 상담을 오시는 분들, 동네 분들이 이 책을 저에게 내밀며 "잘 읽었다"라고 말씀해 주실 때의 기쁨이 큽니다.

얼굴 한 번 본 적 없는 불특정 다수와 책을 통해 소통하고, 제 생각을 전달하고, 누군가의 삶에 긍정적인 영향을 끼친다는 것. 책이 주는 어마어마한 매력입니다. 이러한 매력 때문에 책을 가까이하는 사람이라면 누구나 저서 하나는 꼭 갖고 싶어 하는 것이 당연합니다.

제 책을 보셨던 많은 분이 감사하게도 다음 책은 언제인지 궁금해하며 기다려 주셨고, 그래서 한 번 성공시킨 적 있는 100일 프로젝트를 다시 시작하게 되었습니다. 2025년

4월 14일에 이 책의 첫 글을 시작해서 오늘도 글을 쓰고 있습니다. 찬 바람이 불기 시작한 가을이면 원고는 완성되었을 것이고, 곧 책으로 나올 수 있을 거라고 믿습니다. 중요한 자료를 체크하는 것이나 참고 자료를 찾는 일은 초안을 다 작성한 후에 넣을 수도 있고, 초안만 나온다면 여러 번 수정하는 시간을 거쳐 잘못된 점과 실수를 다시 바로잡을 수 있습니다.

혹시 '책 한 권 써보고 싶다' 이런 생각을 해보셨을까요? 내일부터 당장 시작하면 어떨까요? 생각은 꼬리에 꼬리를 물고 수개월, 수년, 때로는 일생 동안 나를 따라다니지만, 첫 책 초안이 나오는 데에는 100일이면 가능하다고 용기를 드리고 싶습니다.

대단한 능력을 갖춘 사람, 유려한 문체를 구사하는 사람, 깊은 지식을 가진 사람만 책을 쓰는 세상이 아닙니다. 나를 알리고 브랜딩하기 위해, 강연이나 방송 등의 새로운 기회를 얻기 위해, 또는 세상과 소통하기 위해. 책을 쓸 이유는 수없이 많습니다. 그리고 하루 한 장의 글쓰기를 못 하는 사람은 없을 것입니다.

신수정 작가님은 매일 페이스북에 올린 글을 『일의 격』

이라는 제목의 책으로 엮었고, 홍성태 교수님은 자신의 제자와 매주 했던 대화를 녹취한 내용을 『브랜드로 남는다는 것』이라는 책으로 출판하였습니다. 책을 쓰는 일은 어렵게 생각하면 한없이 어렵고, 쉽게 생각하면 지금 당장 할 수 있는 일이기도 합니다.

두 번째 책이 세상에 나오고 나서 아버지의 칭찬이 귓속에 들리는 듯했습니다. "유나야, 잘했다. 그래! 하면 되는 거야. 미루면 아무것도 못 해. 아빠가 이루지 못한 꿈을 이뤄줘서 고마워, 우리 딸." 이런 칭찬이요. 몇 달 후 이번 책이 나오면 납골당에 들고 가서 또 보여드려야겠습니다.

'언젠가 아빠를 다시 만나는 날까지 저는 책 열 권은 쓰고 가고 싶어요. 유전자는 못 속인다더니. 나는 왜 이렇게 책이 쓰고 싶을까. 내가 많이 할게. 그러니까 책 못 쓰고 가신 거 너무 아쉬워하지 마세요.'

시간 레이어를 쌓습니다

작은 시간 데이터 만들기

포토샵을 해본 적이 있다면 각 레이어에 따로따로 색을 칠하거나 효과를 입힌 후 여러 개의 레이어를 겹쳤을 때 완성본을 보고 뿌듯했던 기억이 있을 것입니다. 저는 자투리 시간을 효과적으로 사용할 때 포토샵으로 멋진 그림을 완성하는 것과 같다고 생각하곤 합니다. 저는 본업 외의 모든 시간은 레이어를 쌓아서 하루를 완성하곤 합니다.

예를 들면 이렇습니다. 다음 주에 방송 일정이 있습니다. 보통 방송에 출연하면 방송에서 다룰 내용을 미리 질문지로 받아봅니다. 업무 중에 이메일 알람이 울린다고 바로 메일을 열어보거나 질문지를 확인하면 업무에 방해가 되고, 당장 질문에 대한 답변을 준비할 수 있는 것도 아닙니다. 저는 방송 2~3일 전까지 이메일도 열어보지 않는 편입니다. 일주일은 20~30분 출연하는 방송을 준비하기에 너무 길고, 미리 질문을 계속 머릿속에서 답변을 준비하게 되기 때문입니다.

저에게는 답을 준비하기에는 2~3일이어도 충분하다는 데이터가 있습니다. 물론 이렇게 기준을 정하는 것은 데이터가 쌓여야 가능한 것이고, 처음에는 쉽지 않았습니다. 그렇지만 내가 이 업무를 처리하는 데 이만큼의 시간이 들어간다는 데이터가 충분히 쌓인다면 개개인, 업무 특성에 맞춘 기준을 잡을 수 있을 것입니다.

방송 3일 전쯤 일단 질문지를 자세히 보지 않고 쓱 봅니다. 점심 먹을 때, 의뢰인이 예약 시간보다 10분 늦으시거나 노쇼했을 때 등 잠깐 시간이 나면 가볍게 보고, 내가 대답하기 어려운 질문이 있는지, 자료나 법을 찾아볼 부분이 있는지 정도만 생각합니다. 대부분 사회적 현상이나 통계를 묻는 것이 아니라 전문가인 제 의견을 묻기 때문에 10~20분 쓱 읽어보고 덮으면 충분합니다. 이것으로 이미 첫 번째 레이어는 완성입니다.

그리고 나면 이 답변을 준비하기 위해 어느 정도 시간이 필요한지 대략 감이 옵니다. '하루 전에 봐도 되겠어.', '당일에 메이크업 받을 때 봐도 되겠어.' 시간을 정합니다. 저의 경우 답변에 핵심 키워드가 들어가야 할 때 조금 더 집중이 필요합니다. 이때는 하루 전에 질문지를 출력해서 질문에 대한 대답을 구구절절 적는 대신 키워드만 적어둡니다. 1번에 대한 키워드, 2번에 대한 키워드, 3번에서는 이런 키워드로 농담을 한 번. 이렇게 대략적 설계를 합니다. 이것이 두 번째 레이어입니다.

전문 방송인이 아니고, 업으로 방송하는 사람도 아니기 때문에 한두 시간 준비하면 충분합니다. 이 두 번째 레이어를 만들 때는 집중하고 몰입하기 때문에 그 시간이 끝나고 나서도 머릿속에서 자동으로 계속 레이어를 씌우게 됩니다. '아까 그 말에 이걸 붙여보면 어떨까?', '그 키워드 말고 이걸로 바꿔야겠다' 등으로 두 번째 레이어는 남은 시간 동안 반복되고, 변형됩니다. 답변은 점점 좋아질 것입니다.

방송 당일에는 헤어, 메이크업을 하는 한 시간 반 안에 머릿속으로 시뮬레이션을 돌리며 질문에 대한 답을 실제로 해봅니다. 마지막 레이어를 쌓는 것입니다. 기억이 나지 않으면 출력한 질문지의 키워드를 확인하면 됩니다. 계속 보고 외우는 것이 아니기 때문에 메이크업에 방해가 되지는 않습니다.

메이크업 샵에서 "저 어떻게 해요, 저 오늘 방송 나가는데 너무 긴장돼요. 잘할 수 있을까요?" 하고 일하시는 분에게 말을 걸어 방해하고, 입 밖으로 긴장이라는 단어를 계속 말해서 더 긴장을 하고 마는 불상사 대신에 눈을 감고 차분하게 키워드를 머릿속에 새깁니다.

포토샵 결과물을 제출할 때 모든 레이어를 제출하는 것이 아니라 완성된 그림을 제출하듯, 준비한 것을 보여줘야 하는 순간이 오면 그간의 레이어는 싹 잊고 그냥 뇌에 새긴 만큼의 결과물을 도출하면 됩니다.

방송 출연을 예로 들었지만, 이렇게 자투리 시간을 점점 발전시키는 방법을 사용한다면 방송뿐 아니라 어떤 것이라도 준비할 수 있습니다. 나만의 콘텐츠를 기획하는 것도 이런 시간 활용으로 충분합니다. 그러니 자투리 시간을 대단하게 보내야 한다는 강박을 갖기 전에 그저 의미 있게 조금씩 사용하며 연습하면 어떨까요. 누구나 할 수 있다고 자신합니다.

내가 제작자입니다

인생에 예고편이 있다면

영화가 어떤 내용일지 궁금하면 예고편을 보고, 드라마가 재밌을지 알고 싶으면 티저를 보면 됩니다. 물론 예고나 티저만 보고 전체를 다 알 수는 없지만 앞으로 펼쳐질 내용을 미리 짐작하는 것 정도는 충분히 가능합니다. 그리고 그 드라마나 영화의 장르 정도는 쉽게 확인할 수 있습니다.

내 미래를 확인하는 간단한 방법은 없을까요? 인생의 티저를 볼 수 있다면 얼마나 좋을까요? 그런 방법이 있습니다! 사람의 인생 전체를 볼 수 있는 티저. 바로 그 사람의 하루를 보면 됩니다.

강연에서, 다이렉트 메시지DM로, 2030 청춘들이 이런 질문을 정말 많이 합니다.

"변호사님, 제가 하는 일이 잘될지 안될지 모르는데 매일 하는 게 맞을까요?"

"지금 미래가 너무 불안한데, 뭔가 확신을 가지고 살 수는 없을까요?"

"10년 후 제 모습이 어떻게 될지 너무 답답해요."

명쾌한 대답을 해주고 싶지만, 아무리 생각해도 하나밖에 떠오르지 않습니다. 하루를 잘 살아내는 것. 그것이 정답이라고요. 내 미래가 궁금하다면 내 하루를 보면 된다고 대답하고 싶습니다. 하루 내내 부정적인 생각을 하고 있거나, 하루도 빠짐없이 술을 마신다거나, 하루에 단 한 시간도 나만의 시간을 확보하지 못하고 있거나, 지금 하는 일에 미래가 없다는 것을 알면서도 용기가 없어서 그저 하고 있다면 경각심을 가져야 합니다. 앞으로의 내 인생은 마음에 들지 않는 재미없는 내용이 펼쳐질 수도 있다는 예고편이니까요.

지금 내 하루에 대한 나의 평가가 부정적이라면 그 드라마의 시청자가 나 자신이기 때문에 흥행하기 어려울 것입니다. 지금 '내 인생이 잘 풀릴 것 같진 않아. 하는 일마다 이 모양이니까'라는 생각을 한다면, 앞으로의 내 인생은 예고 그대로 잘 풀리지 않을 것입니다.

그런데 드라마나 영화 예고편, 티저와 우리 인생이 다른 점이 하나 있습니다. 어떤 콘텐츠와도 다르게, 내가 나의 제작자라는 점입니다. 그래서 하루를 잘 제작하면 인생 전체를 잘 제작할 수 있습니다. 아주 뻔하다고요? 그렇지만 가장 희망적인 답이기도 합니다.

"뻔한 소리 하지 말라." 책을 덮고 싶으시다면 좀 더 구체적인 대책을 말씀드리겠습니다. 나의 오늘 하루를 들여다봤을 때 어떤 점이 마음에 들지 않으시나요? 하루아침에 모든 걸 바꿀 수는 없습니다. 그래서 간단한 방법, 일단 이것만 지켜보시면 어떨까요? 5년 후, 10년 후 근 미래의 인생을 긍정적인 방향으로 조금이라도 바꿀 수 있는 것은 확실합니다.

지금 내 앞에 닥친 불안을 이겨내기

제가 말씀드릴 방법은, 하루에 딱 한 시간을 나만의 시간으로 확보해서 투자하는 것입니다. 내가 꼭 하고 싶은 일(그림 그리기, 여행, 보컬 레슨…), 내가 해야만 한다고 유전자가 시키는 일(글쓰기, 운동하기…), 막연히 미래에 수익을 가져다줄 것 같다고 느껴지는 일(유튜브, 릴스⋯), 지금 하는 일을 더 잘하는 데 필요하다고 느끼는 일(외국어 공부, 코딩 수업⋯) 등에 딱 한 시간만 투자하면 됩니다.

하루에 겨우 한 시간 해서 뭐가 되겠냐고요? 그 한 시간을 한 사람과 하지 않은 사람의 미래는 엄청나게 달라질 것이라는 것을 꼭 기억하세요. 이 사실을 믿지 못한다면 나는 내 인생의 제작자가 아니라 내 인생의 방해꾼이 될 것이고, 내 인생은 타인에 의해, 흘러가는 상황에 의해, 그때그때 닥치는 운에 따라 내가 원하는 모습이 아닌 다른 모습으로 만들어질 것입니다.

앞이 보이지 않고 막막할 때는 아무것도 하기 싫습니다. 청춘, 인생의 봄은 푸르지도 않은 거 같고 따뜻하지도 않은 거 같고 그냥 어렵고 막막합니다. 지금 꼭 해야 한다고 하는 것들, 남이 하는 것들, 불안해서 그냥 하루하루 뭐라도 하고 있지만 자꾸만 드는 절망. 이 과정을 경험하지 않은 사람은 없습니다.

미래는 절망이 와도 타협하고 넘어지지 않고, 또는 넘어지더라도 다시 일어나 그저 해야 할 일을 매일 하는 사람과, 넘어져서 한참을 일어나지 못하는, 아니 일어나지 않는 사람이 극명히 나뉩니다. 전자는 자기가 생각했던 것보다 더 빠른 시간에 원하는 모습이 되어있을 것이고 후자는 다시 원점에서 또 일어나 같은 일을 반복해 조금 더 늦게 원하는 모습에 닿을 수 있을 것입니다.

불안해하고 의심하지만 않는다면 세상에 이루지 못할 것은 단 하나도 없습니다. 시간이 얼마나 걸리는지만 조금 다를 뿐입니다. 젊음, 청춘은 누구에게나 공평하게 주어지지만, 그 하루하루의 가치를 아는 사람과 모르는 사람에게 미래는 공평하지 않습니다. 지금 어렵고, 잘 안 풀리고, 가진 게 아무것도 없는 것 같고, 내 앞에 큰 산이 있는 것 같은 마음. 이 또한 누구에게나 공평합니다. 내 친구는 고민이 없어 보이고, 나보다 단단해 보이고, 미래에 대한 확신이 있어 보인다고요?

청춘의 불안감. 젊음이 주는 공포.

이것을 거치지 않고 삶의 안정감을 갖게 되는 사람은 단 한 사람도 없습니다. 그러니 지금 나에게 닥친 불안에게 보란 듯이 여유롭게 웃어주세요. 내 인생의 예고편을 보며 앞으로 펼쳐질 내용을 굳게 믿어주세요. 내가 제작자라는 사실을 절대로 망각하지 마세요.

꾸준함도 만들 수 있습니다

열등감을 이겨내는 법

20년, 좀 길게는 30년 정도 살면 누구나 자신의 가장 부족한 점을 눈치챌 수 있습니다. 저는 20대 때 가장 큰 단점을 깊이 깨달았습니다. 바로 '꾸준함' 혹은 '지구력'이 없다는 사실입니다. 매일은 항상 새롭길 바랐고, 지루하거나 재미가 없으면 금방 그만두었습니다. 고등학생 때는 분명 대학에 가면 기타를 배우겠다, 제2외국어를 공부하겠다, 도서관에 가서 독서를 하겠다, 달리기를 하겠다 결심했지만 뭐 하나 한 달 이상 가지 못했습니다. 한 달이면 또 새로운 게 하고 싶어졌습니다.

이것저것 하다 보니 제가 남들보다 성격이 급하고, 싫증을 잘 낸다는 것을 알게 되었습니다. 그걸 깨닫자 '난 꾸준하지 못한 사람'이라는 열등감이 마음속에 자리 잡았습니다. 열등감을 느끼고 나서는 그 방의 문을 열기가 무서워 '나는 꾸준하진 못하지만, 단기 집중력이 좋고 추진력이 있는 사람이지' 하며 장점으로 단점을 가리기 급급했습니다.

그런데 그 방은 계속 저를 신경 쓰이게 했습니다. 새로운 집으로 이사했는데, 가장 작고 어두운 방에 잡동사니를 모두 쑤셔 넣고, '이 방은 나중에 정리해야지' 다짐하지만 점점 짐이 쌓여가다 결국 그 방은 열어보지도 않는 창고가 되는 것처럼, 제 열등감의 방에도 계속 짐과 먼지만 쌓여갔습니다.

매일 도서관에 가는 친구, 매일 지하철에서 영어 단어를 외운다는 친구, 매일 같은 시간에 운동을 하러 간다거나 악기를 배우러 간다는 친구들을 봤습니다. '나는 살면서 루틴이라는 것을 가져본 적도 없는데 저 사람들은 어떻게 저렇게 자신을 잘 통제하지?' 루틴이라는 것, 그런 걸 갖고 있는 친구들이 가장 멋지고 대단해 보였습니다. 갑자기 먹고 싶은 게 생기면 먹으러 가고, 하고 싶은 게 생기면 바로 시작했지만 빨리 마음이 생기는 만큼 빨리 식었습니다.

그 열등감을 고스란히 가진 채로 대학을 졸업하고, 로

스쿨에 가게 되었습니다. '단기 집중력을 발휘해 빠짝 공부하면 어느 정도 성적이 나오겠지' 하며 벼락공부를 했습니다. 그 결과 1학년 1학기 시험 성적은 전교 꼴등에 가까웠습니다. 처참했습니다. 열등감의 방이 점점 넓어져 마음은 점점 어두워졌습니다. 오래 사법고시를 준비하다 온 사람, 밥 먹고 자는 시간 외에 공부만 하는 사람, 취미도 공부 특기도 공부일 것만 같은 사람들 사이에서 외계인이 된 것 같았습니다.

난생처음 꼴찌 성적표를 받고 2박 3일을 울었습니다. 저를 위로하려는 기숙사 친구의 목소리가 들려와도, 친구가 나갔는지 확인한 다음에야 조용히 거실로 나가 밥을 먹고 들어가서 또 울었습니다. 열등감에서 피어나는 화가 로스쿨에 가라고 제안한 아버지에게 향했습니다. 전화로 "난 어차피 변호사 되지도 못할 건데 여긴 왜 온 건지 모르겠다. 지금이라도 더 늦기 전에 그만두고 다른 길을 찾아봐야 할 것 같다. 법대 출신들, 사법고시 준비하는 사람들이 같이 있으니 애초에 출발선이 다르고 완전히 잘못된 선택이었다. 망했다" 등 화를 다 쏟아냈더니, 아버지는 휴학하든 그만두든 네 선택이라고 하셨습니다. 그 말이 어찌나 무책임하게 느껴졌는지, 더 화가 났습니다.

아버지와 통화를 마쳤더니 더 이상 눈물이 나지 않았습니다. '이제 나는 뭘 하고 살아야 하나. 전공인 영어도 잘 못하고, 어차피 지금 뭘 시작해 봤자 남들보다 특별히 잘할 것 같지 않은데.' 그때가 인생에서 처음으로 열등감의 방을 활짝 열고 그곳을 치우고 짐을 정리해야 하는 때였습니다.

루틴이라는 것을 만들어봐야겠다는 생각이 들었습니다. 내가 뭔가를 잘하고 싶고, 원하는 것을 이루고 싶다면 단기 집중력 따딴 것으로는 더 이상 아무것도 할 수 없다는 것을 알게 되었습니다. 오직 꾸준함이라는 것을 득해야만 앞으로 내가 평생 커리어를 갖고 살 수 있을 것이라는 확신이 처음으로 들었습니다.

'아침형 인간은 도전해 봤자 내 체력에 3일이면 포기하게 될 거니까 올빼미를 하자. 독서실에서 가장 늦게까지 있는 사람이 되자. 독서실 문을 잠그고 나오는 것을 루틴으로 삼아보자'라는 마음으로 한 학기 내내 밥 먹는 시간을 제외한 모든 시간에 독서실을 지켰습니다. 이게 될까, 안 될까, 하며 간을 보고, 요령을 피우는 삶을 모두 청산해야만 했습니다. 성격을 아예 고쳐먹지 않으면 절대로 변호사가 될 수도, 설사 되더라도 그걸 잘 해낼 수도 없다는 생각에 비가 오나, 눈이 오나, 명절이든, 빨간날이든 매일 독서실을 지켰습니다.

그렇게 3년을 보내자, 내가 바뀌었습니다. 성적은 점점 올라서 상위권으로 졸업했고, 상위권만 볼 수 있는 재판연구원 시험을 볼 자격까지 주어졌습니다. 이 3년의 습관과 기억은 제 인생을 완전히 바꾸었습니다. 그리고 뭐든 3년간 매일 하면 잘할 수 있다는 것을 확신하게 되었습니다. 그 이후 '그냥, 아무 생각 말고 매일 3년만 해보자'라는 마음을 갖게 되었습니다. 로스쿨 꼴찌의 경험은 인생에서 가장 큰 자산이 되었습니다.

꾸준함도 노력이다

저는 다 쓴 화장품 공병을 볼 때 행복합니다. 과거의 저는 싫증을 너무 잘 내서 화장품 하나를 바닥까지 쓰지 못했습니다. 그런데 이제 같은 화장품을 다섯 병씩 비우고, 그 공병을 모아두었다가 보며 변한 내 자신을 칭찬해 줍니다.

오늘 법원에서 조정(법원에서 원고, 피고, 양쪽 변호사들을 모아놓고 진행하는 합의 절차)기일이 있었습니다. 두 시간 동안 상대방 변호사, 상대방, 판사, 조정위원, 내 의뢰인까지 설득하고 나니 진이 다 빠졌습니다. 늦은 점심을 챙겨 먹고, 마무리 일을 조금 하니 금방 저녁이 되었습니다. 누워서 쉬거나 넷플릭스를 보고 싶은 생각이 뇌를 지배했지만, 책상에 앉아서 지금 이 글을 쓰고 있습니다. 딱 한 시간만 쓰고 퇴근할 것입니다.

이제 15년을 이렇게 훈련해서 내가 '원래' 꾸준한 사람이었던 것 같은 착각마저 들도록 자신을 이렇게나 변화시켰다는 것이 너무 즐겁습니다. 언젠가 서점 베스트셀러 벽에 제 책을 세워보고 싶다는 꿈이 있기에, 오늘도 글을 씁니다. 저는 이제 알고 있습니다. 만약 이번 책이 아니라면 다음 책을, 다음 책이 아니라면 그다음 책을 계속 쓰면 언젠가 이루어진다는 것을. 꾸준함은 타고나는 것이 아니라 노력이라는 것을.

마음속 열등감이라는 방을 15년째 조금씩 치워가고 있습니다. 물론 고단합니다. 그렇지만 여느 청소가 그러하듯 방이 점점 깨끗해질수록 공간은 더 큰 행복감으로 채워집니다. 화장품 공병이 쌓여가고, 열등감의 방이 완전히 깨끗해지면 저는 그것을 성공이라고 생각하고 싶습니다. 감추고 싶은 방의 문을 완전히 열고, 그래서 내 자신에게 더 당당하고 솔직하고 싶습니다.

'너는 원래 꾸준하지 않은 사람이니 다른 장점으로 그걸 덮어'라고 계속 내 자신을 합리화하는 삶이 아닌 '최유나. 너 이제 꾸준한 사람이 된 것 같은데? 잘했어. 잘하고 있고. 앞으로도 잘할 거야'라고 스스로에게 당당하게 말할 수 있는 것. 그것이 성공 아닐까요!

루틴은
유연해도 괜찮습니다

책임은 묵묵하게

앞서 밝힌 것처럼 저는 꾸준함과는 거리가 먼 사람이었습니다. 도전은 항상 재미있지만, 도전에 따르는 고단한 일들을 꾸준히 처리하는 것이 너무 지루하고 힘들었습니다. 그래서 '난 꾸준하지 않은 사람'이라는 열등감 속에서 살아왔고 그것을 극복하기 위해서 루틴을 만들어 매일 같은 시각 같은 일을 하며 결국 10년 이상을 버텨냈습니다. 가지고 태어난 성향을 뛰어넘고 지루함을 참아내서 제가 원하는 이상향에 도달하기 위해 최선을 다해왔고, 이제는 자신 있게 '저는 꾸준한 사람입니다'라고 말할 수 있게 되었습니다. 그리고 겉으로 보이는 성과보다도 뭐든 꾸준히 할 수 있는 사람이라는 저에 대한 신뢰를 갖게 된 것이 가장 기쁩니다.

꾸준하지 않았던 사람이었기에 그것을 갖기 위해서 어떻게 해야 하는지 방법을 잘 알고 있습니다. 어떻게 제가 세상 누구보다 루틴대로 살고 있는지 그 과정에 대해서도 말해보려고 합니다. 꾸준함이 완벽함, 엄격함과 비슷하다고 생각했습니다. 작심 3일 후 '아, 역시 난 못 해. 난 엄격하고 완벽하게 매일을 세팅할 수 없는 사람이야'라고 실망하고 며칠 죄책감에 괴로워하다가 또다시 뭔가를 시작해 또 작심 3일. 이런 생활을 반복했습니다.

20대에 반복되는 작심 3일에 좌절하고, 저 자신을 미워하면서 저는 바로 눈에 보이는 결과가 없으면 빨리 좌절하고 포기한다는 것을 깨달았습니다. 대학 전공인 영어를 일주일 정도 도서관에서 미친 듯이 공부하다가 별로 느는 것 같지 않으면 공부를 멈추었고, 시험 기간에만 암기로 성적을 메꿨습니다. 어학연수를 가서도 초반에는 영화 스크립트를 통째로 외우며 열정을 불살랐지만, 외국인과의 대화에서 표현이 원하는 만큼 되지 않으면 금방 좌절해 이 길은 내 길이 아니라고 투덜댔습니다. 결국 저는 영포자가 되었습니다.

30대에는 포기할 수 없는 책임이 주어졌습니다. 진행 중인 사건을 패소할 것 같다고 놔버릴 수 없고, 아침마다 전화를 걸어 한두 시간씩 울고 소리 지르는 의뢰인에게 계약을 파기하자고 할 수 없고, 직원들 월급날이 다가오는데 사건 수임을 쉴 수도 없었습니다. 아이들을 알아서 크라고 방치할 수 없고, 배우자에게 결혼 생활이 쉽지 않으니 잠깐 쉬자고 할 수도 없었습니다.

30대엔 우리 모두 이런 약속과 책임을 떠맡습니다. 그런데 주변에 꾸준함을 타고난(실제로는 훈련으로 이뤄낸 것일 수도 있지만) 사람들을 살펴보면 다급하지도, 쉽게 포기하지도, 일희일비하지도 않습니다. 저는 언젠가부터 그들을 흉내 내기 시작했고, 포기할 수도, 물러설 수도 없는 일에 책임을 묵묵히 해나가게 되었습니다.

진짜 꾸준함

30대를 책임감으로 보내며 알게 된 것은 꾸준함(루틴)은 완벽함이 아니라 유연함으로 지켜나가는 것이라는 사실이었습니다. '난 왜 영어가 늘지 않지?' 하면서 씩씩대고, 어쩔 땐 날밤을 새가며 공부한(그러다 병이 나면 또 한참 쉬었지만)

저는 영포자가 되어 있었지만, 시험 기간도 아닌 시간에 매일 꾸준히 도서관 자리를 지키며 영어 과외, 번역 활동 등을 조금씩이라도 계속한 친구들은 지금 통번역 전문가가 되었습니다.

근육을 만들겠다며 운동을 등록해서 주 7일 하루도 빠짐없이 한 달 동안 운동을 가다가 인바디 결과가 조금도 바뀌지 않자 운동을 몇 년간 거들떠보지 않은 적도 많았습니다. 매일이 아니더라도 주 2~3회 꾸준히 헬스장을 들락거리던 제 친구는 마흔에 정말 아름다운 모습으로 바디프로필 사진을 찍었습니다.

예전에 어디선가 본 그림이 생각납니다. '우리가 생각하는 꾸준함'이라는 제목의 그림에 물이 가득 채워진 컵 다섯 개가 그려져 있고, '진짜 꾸준함'이라는 그림에는 물이 가득 차 있거나 반 정도 차 있거나 살짝만 차 있는 등 다양한 양의 물을 담은 컵 다섯 개가 그려져 있었습니다.

지방에 강연을 갔다가 제 앞 강연이 한산이가 작가님의 강연이라 듣게 된 적이 있었습니다. 청중이 "어떻게 그렇게 계속 글을 쓸 영감을 가지고 계세요?"라고 질문하자 "저는 매일 영감을 받아서 글을 쓰는 것이 아니라 매일 정해진 분

량을 무조건 쓰려고 노력한다"라고 대답하는 것을 들었습니다. 꾸준함은 결국 완벽하게 매일의 미션을 해내는 것이 아니라, 유연성 있게 매일의 루틴을 지키려 '노력하고 실천'하는 것에 있다는 것을 알게 되었고, 그것은 정말이지 큰 자산이 되어주었습니다.

지난 2월 헬스장에 등록했습니다. 저의 오랜 꿈인 근육 만들기를 다시 시작했습니다. 이제 '꾸준히(주 5회 이상 갈 때도, 주 3회 갈 때도 있지만 최소한 주 2회 이상은 꼭 가려고 노력)' 운동한 지 3개월 정도가 되었는데, 제 인생에서 헬스장을 3개월 이상 다닌 것도 처음입니다. 유연함이라는 무기를 장착하고 나니 이제는 계속할 수 있을 것 같습니다. 꾸준히 하다 보면 언젠가 저도 근육이라는 것을 가지는 날이 오겠지요.

100일 프로젝트도 하루부터

앞서 100일간 매일 하루에 한 시간 글을 쓰겠다고 다짐한 바 있습니다. "100일 만에 책을 쓴다고? 너무 성의 없는 글 아니야? 100일 만에 쓴 글을 독자들에게 보라는 것인가?"라는 반론이 있을 수 있으니, 이 사실을 밝히는 것은 저에게 불리할 수도 있습니다. 그럼에도 불구하고 100일 프로젝트를 밝힌 이유는, 제가 이 책을 쓰는 이유와 맞닿아 있습니다. 집필 동기 자체가 독자분들께 인생을 효율적으로 관리하는 법을 공유하고 싶었기 때문입니다.

지금 이 페이스로 하루 한두 시간씩 투입하면 한 달 후면 거의 초안을 마무리할 수 있겠지요. 그 생각을 하면 하루하루의 삶이 더 활기차집니다. 글을 쓰기 시작하면서 운동도 더 열심히 하게 되었습니다. 앉아서 작업하는 시간이 길어지는 것이 몸에는 별로 좋지 않을 거 같아 30분이라도 운동을 하려는 마음이 생겼기 때문입니다. 새로 생긴 삶의 구조에서 또 다른 생각이 깃든다더니, 몸소 체험하고 있습니다.

이 프로젝트를 마치면 100일간의 집필 프로젝트를 두 번이나 성공한 저 자신을 더 신뢰하게 될 것입니다. 자기 자신을 믿는 것만큼 중요한 것은 없으니 저 자신을 신뢰할 만한 또 다른 근거가 생겼다는 것만으로도 더 행복해질 것이고, 만약 단 한 명이라도 제 글을 읽고 인사이트를 얻는다면 제가 원하는 방향의 삶에 더 다가가게 될 것입니다.

그리고 무엇보다 이 프로젝트로 저는 엄청난 시간을 벌게 됩니다. 앞으로 강연이나 방송에서 누군가 "변호사(작가)

님, 도대체 어떻게 시간 관리를 하세요?"라고 묻는다면 '언젠가 꼭 책을 통해서 시간 관리에 대한 내 마음과 방법을 공유하고 싶다'라고 생각할 그 시간과 에너지를 줄일 수 있고, '책을 써야 하는데 언제 시작하지?' 하는 고민에 받을 스트레스를 줄일 수 있고, 제가 독자와 만나고 소통하며 얻을 수 있는 많은 인사이트를 얻게 될 테니 미래의 시간을 당겨쓴 만큼 인생의 시간을 버는 셈입니다.

세상에
완벽한 하루는 없습니다

완벽한 하루보다 충만한 하루

 누군가 "작가님에게 가장 완벽한 하루는 어떤 하루인가요?"라는 질문을 한 적이 있습니다. 덕분에 감사하게도 어떻게 보낸 24시간이 가장 완벽할까에 대해 고민하는 시간을 가졌습니다. 저는 아침잠이 특히 많아 대학생 때 1교시 수업에 들어가기가 불가능했던 사람이고, 하루에 여덟 시간 이상은 꼭 자야 합니다. 그럼 열여섯 시간이 남는데, 그중 아홉 시간 정도는 변호사 업무를 합니다.

 퇴근 후 집에 가기 전에 꼭 한 시간 글을 쓰고 퇴근해야 오늘 하루를 정리한 기분이고, 성취감도 들어서 아이들에게 충실할 수 있습니다. 올해는 운동을 열심히 하고 있기 때문에 아이들에게 가는 시간 전에 30분이라도 근력운동을 하려고 합니다. 그리고 집에 여덟 시에 들어가 저녁을 간단하게 먹고 아이들과 열 시까지 놀아줍니다.

여기까진 어떻게든 항상 해내는 편입니다. 그러나 저의 완벽한 하루는 아이들이 잠든 다음의 시간에 달려있습니다. 밤 열 시에서 열두 시에는 무조건 새로운 글을 써야 하기 때문입니다. 새로운 대본, 새 에세이 하다못해 일기나 SNS의 글이라도 뭔가 새로운 것을 써야 완벽하다고 느낍니다. 이 기준으로는 1년 중 완벽한 하루를 보낸 날이 100일도 안 될 것 같습니다. 예전에는 완벽한 하루를 보내지 못하면 자책도 하고 실망도 했습니다. 이제는 절대 그렇지 않습니다. 사람은 애초에 매일 완벽하게 하루를 보낼 수 없게 설계되어 있으니 저 자신을 탓하는 대신, 완벽이 아닌 '충만'한 하루를 보내려고 합니다.

완벽의 기준을 만들어 놓으면 실망하기 쉽습니다. 실망이 반복되면 포기에 이릅니다. 포기하는 것은 완벽하지 않은 것보다 훨씬 나쁘기 때문에, 실망하지 않는 것이 결국은 장기적인 '충만'을 향해 가는 길입니다. 완벽이 아닌 충만한 하루를 보내십시오. 그것으로 충분합니다.

저의 충만한 하루는 이런 것입니다. 오늘 "너무 속이 시원하다. 좋은 상담이었다"라는 말을 한 의뢰인이 한 명이라도 있었는가? 운동을 30분 이상 했는가?(글쓰기보다 운동이 더 중요해진 40대 아니겠습니까?), 아이들이 나 때문에 한 번이라도 까르르 뒤로 넘어가게 웃었는가? 아이들을 재운 다음 충분히 회복하고, 내일을 살 영감을 얻었는가?(발전적인 글귀나 영상을 하나라도 봤다면 통과!)

완벽과 우선순위가 많이 바뀌었습니다. 위 중 하나의 질문에라도 예스라고 대답할 수 있다면 그날은 충만한 하루입니다. 충만하기만 해도 내일을 살 희망을 얻을 수 있습니다. 어차피 오래 꾸준히 걷는 것이 가장 중요하다는 사실을 알기에 충만하게 하루하루를 채우려고 노력합니다. 어떤 때는 완벽보다 충만이 더 큰 미션처럼 느껴지기도 하지만, '진심으로 몇 시간이라도 집중했거나 누군가에게 도움이 되었다면 최고의 날이다'라는 마음으로 살다 보니 마음에 큰 여유가 생겼습니다.

여러분의 하루는 완벽한가요, 충만한가요? 내가 생각하는 완벽의 기준과 충만의 기준을 한번 나누어 보세요. 충만하다는 생각에 미소 지으며 잠들 수 있다면 그날은 완벽한 날이었던 걸로 해요, 우리.

고통스럽고, 자존심 상하고, 괴로운 생각이 든다면 그 생각에 몰입되지 않도록 나만의 루틴을 만들어 보면 어떨까요.

나를 믿는 훈련을 해보세요. '누군가 해주겠지'라는 말은 세상에서 가장 무책임한 말이지만 '내가 결국 하겠지'라는 말은 정말로 근사한 말 아닌가요?

혹시 '책 한 권 써보고 싶다' 이런 생각을 해보셨을까요? 내일부터 당장 시작하면 어떨까요?

자투리 시간을 대단하게 보내야 한다는 강박을 갖기 전에 그저 의미 있게 조금씩 사용하며 연습하면 어떨까요. 누구나 할 수 있다고 자신합니다.

내 친구는 고민이 없어 보이고, 나보다 단단해 보이고, 미래에 대한 확신이 있어 보인다고요?
청춘의 불안감. 젊음이 주는 공포.
이것을 거치지 않고 삶의 안정감을 차지하는 사람은 단 한 사람도 없습니다.
그러니 지금 나에게 닥친 불안에게 보란 듯이 여유롭게 웃어주세요.

여러분의 하루는 완벽한가요, 충만한가요? 내가 생각하는 완벽의 기준과 충만의 기준을 한번 나누어 보세요. 충만하다는 생각에 미소 지으며 잠들 수 있다면 그날은 완벽한 날이었던 걸로 해요, 우리.

Chapter 4

시간 관리는
마음먹기에 달렸습니다

**고효율을 만드는
마인드셋**

Mileage
Hour

하고 싶은 거 다 하고 살 수 없습니다.
그건 어린아이부터 대기업 대표님까지
모든 인간 공통입니다.
그냥 다른 생각 말고
지금 하기로 한 일을 일단 해야 합니다.

구체적 상상이 불러오는 기적

더 좋은 변호사가 되겠다는 결심

'나도 언젠가 사업가가 되고 싶다.'

'작가가 된다면 얼마나 멋질까?'

이렇게 막연하게 꿈꾸는 것과 구체적인 상상을 하는 것은 실로 엄청난 차이를 만들어 낸다는 것을, 인생을 살면서 매 순간 느낍니다. 유튜브에서, TV에서 많은 뇌과학자가 '구체적으로 상상하면 현실이 될 가능성이 높다'라는 얘기를 많이 합니다. 저 또한 이런 얘기를 여기저기서 참 많이 들었지만 믿기 어려웠습니다.

'공상하는 시간에 구체적인 계획을 세우는 게 낫지 않

나. 왜 구체적 상상이 우리 뇌를 바꾸고, 행동을 만들고 결국 우리 인생을 바꾼다고 확대해석하는 걸까. 판타지를 참 그럴듯하게 말하네.' 이렇게 생각했었는데 이제 그 어떤 사람보다도 제가 이 판타지의 맹신론자가 되어있습니다.

30대 초반, 작은 사무실을 운영하던 때, 사무장님과 점심을 먹다가 다음 재판에 대한 대화를 나누게 되었습니다.

사무장님   변호사님, 내일 재판 긴장 안 되세요?
나   매일 하는 건데 갑자기 왜요?
사무장님   모르셨구나. 상대 변호사가 TV에 자주 나오는 이혼 쪽에서 굉장히 유명한 변호사님이세요.
나   몰랐어요. 재판이 뭐 다 똑같죠.
사무장님   아, 이 사건 변호사님이 질 거 같은데. 재판부에서 당연히 유명한 변호사님 손을 들어주겠죠?

이 대화는 제 인생을 바꿔놓았습니다. 놀람 포인트가 두 가지나 있었습니다. 회사 대표로서 직원이 나보다 상대 변호사를 더 신뢰하고 있다는 사실(내가 많이 부족하다는 사실)을 인지한 것, 유명 변호사가 사건을 맡으면 판사가 그쪽 편을 들 것이라고 생각하는 사람이 있다는 것이었습니다.

나	그게 중요하다고 생각하시는군요. 그렇다면 사무장님처럼 생각하시는 의뢰인도 있겠어요.
사무장님	그럼요! 의뢰인이 먼저 상대 변호사님 얘기하셔서 제가 얘기한 거예요.
나	그 변호사님 나이가 어떻게 되세요?
사무장님	36세라고 하시더라고요.
나	(그럼, 저도 늦어도 서른여섯 살에는 TV에 나오는 유명한 변호사가 되어있을게요.)

 마지막 말을 입에 담지는 않았습니다. 그때부터 저의 머릿속에서는 구체적인 상상이 펼쳐졌습니다. 특히 밤에 자기 전과 아침에 샤워할 때 변호사로서의 인지도가 더 높아진 저의 모습을 매일 상상하곤 했습니다. 당시 저는 별로 TV에 나가고 싶지도 않았고, 인지도가 높다고 재판에서 이긴다는 말은 전혀 사실이 아니었지만 내가 개인 최유나로 사는 것이 아니라 회사의 주인이고, 의뢰인들의 대리인으로 살기 위해서 필요했기에 꾸준히 그 모습을 상상했습니다.

 구체적으로 '난 꼭 TV에 나가야지! 그 꿈을 위해선 이렇게 행동해야지!' 하는 계획을 세우진 않았습니다. 이성적으로 인지했을 뿐 마음이 시키는 일은 아니었으니까요. 그래도 끊임없이 서른여섯이 된 나를 상상했습니다. 어쩌면 직원분의 말에 조금은 자존심이 상했기 때문일 수도 있습니다.

상상의 빈도는 시간이 흐르며 점점 줄어 들었지만, 그 상상은 하루하루를 더 열심히 사는 계기가 되어주었습니다. 최소한 '나도 유명 변호사님처럼 일단 사건 경험을 많이 쌓아야겠다. 연차에 비해 승소 데이터를 더 많이 만들자' 하는 마음으로요.

5년 후쯤 저는 「유 퀴즈 온 더 블럭」에 출연했고, 그때 36세였습니다. 그 이후 사건 수임이 정말 많이 왔고, '대한민국에서 이혼 사건을 나만큼 많이 해본 사람이 또 있을까?' 하는 자부심은 점점 커졌습니다. '상대방 변호사한테 밀려서 지면 어떡하지?' 하는 우려는 의뢰인도, 직원들도 전혀 하지 않게 되었습니다.

나를 드라마 작가로 만든 상상

이런 일이 한 번 일어났다면 우연이라고 생각할 수 있습니다. 그런데 제 인생에서 이런 일은 크고 작게, 계속해서 이어졌습니다. 내가 쓰는 대본이 드라마가 될지, 편성이 될지,

심지어 내가 일한 만큼의 소득은 될지, 그 어떤 것도 모르는 상태에서 모든 자투리 시간을 글쓰기에 투자한 시기가 있습니다. 잡히지 않는 미래에, 괴로워서 상상이라도 하기 시작했습니다. 한 번 해봤다고 좀 더 수월했습니다. 이 대본이 좋은 연출님과 배우분들을 만나 편성이 되고, 주인공을 연기하는 배우님이 대상을 받는 상상, 그리고 시청률이 10%를 넘는 상상은 좀 더 욕심을 내서 내가 어떤 상의 후보가 되는 상상으로 커졌습니다.

첫 작품으로 상을 받기는 어렵겠지만, '평생 시청자로서 TV로만 보던 시상식에서 내 이름이 불린다면 어떨까? 평소에 동경하고 사랑하던 배우님들을 내 눈앞에서 볼 수 있다면 얼마나 행복할까?' 이런 상상들을 틈날 때마다 했습니다.

이후 기적처럼 드라마가 편성되었고, 대본 리딩을 했고, 방송 날짜도 잡혔습니다. 저는 그간의 상상들을 조금 더 구체화하자는 마음으로 제 휴대전화에도 기록을 남겼습니다. 말로는 단 한 번도 꺼낸 적 없지만, 저만 보는 캘린더에 비밀스럽게 적어둔 것입니다. 3회 방영일에는 '넘는 날'이라고 적어 두었죠. '시청률이 10% 넘는 날'이라는 뜻이었는데, 혹시나 누가 볼까, 10이라는 숫자도 적지 못했습니다. 누가 본다면 "네가 감히!" 소리가 절로 나올 꿈이었으니까요. 그리고 첫 방송 전날에는 혼자만 있는 카톡방에 '배우님 연기대상'이라는 바람을 적었습니다.

3회가 방영된 날에는 밤을 꼬박 지새웠습니다. 이른 아침에 공개된 시청률은 10%가 넘었습니다. 온몸에 소름이 끼쳤습니다. '이게 정말인가. 상상하면 이루어질 수 있다는 평생을 들어오던 그 판타지가 사실에 기반한 것이었다니' 하면서요.

그리고 연말이 되었고, 배우님은 대상을 수상하였습니다. 배우님도 이런 장면을 상상하셨을까요, 그래서 우리의 상상들이 만나 현실이 되었을까요? 어느덧 저는 시상식에 앉아 있었습니다. 제가 샤워할 때, 자기 전에 그냥 혼자 그리던 그 상상 속에 제가 들어가 있었습니다.

뇌과학자의 연구

하버드 대학 명예교수 스티븐 코슬린Stephen M. Kosslyn의 연구 결과, 상상할 때와 직접 눈으로 볼 때의 메커니즘이 동일하다고 합니다. 상상할 때도 뇌의 시각피질이 활성화되어 실제 망막을 통해 들어오는 시각 정보를 처리할 때와 같은 반응을 보인다는 것입니다. 레몬을 상상하면 침이 고이는 것과 같은 원리입니다.

저는 뇌과학자도, 인지 심리학자도, 정신과 의사도 아니기 때문에 이것이 구체적으로 어떻게 우리 몸에서 작용하고, 내 행동을 변화시키는 것인지는 구체적으로 설명하기는 어렵습니다. 그저 전문가들의 말을 믿고 따르며, 그대로 해본 게 전부니까요.

제 삶에서 일어난 큰 기적 위주로 말씀드려 동떨어지게 느끼실 수 있겠지만 아주 작은 상상들도 대부분 현실이 되었습니다. 작게는 많은 청중 앞에 선 강연자인 모습, 저만 찾던 첫째가 스스로 충분한 사랑을 받았다는 인지를 하고 "엄마, 나 오늘은 할머니랑 잘게요"라고 말하는 모습, 유튜버가 되는 것, 회사 직원이 집을 사는 것 등 구체적으로 상상한 일은 모두 금방 현실이 되었습니다.

상상과 계획은 조금 다릅니다. 저는 뭔가를 목표로 구체적인 계획을 세우는 대신, 자주 내가 원하는 나의 모습을 머릿속에 그렸고, 결국 그 그림을 현실에서 보게 되었습니다. 여전히 메커니즘은 잘 모르지만 이건 정말 가성비가 끝내주고, 돈도 에너지도 들지 않는 최고의 방법이라는 것 하나는 알게 되었습니다.

여러분이 지금 인생의 어느 시점에 와 있든, 나이가 몇이든, 상황이 어떻든 상관없습니다. 자기 뇌에 계속 구체적인 그림을 그리세요. AI보다 빠른 속도로 그림을 그릴 수 있는 게 우리 뇌니까요.

저는 지금 제 인생에서 가장 상상하기 힘든 그림을 열심히 그리고 있습니다. 단단한 몸을 가진 저의 모습입니다. 원래 근수저인 듯 온몸에 근육이 생긴 모습을 자꾸 상상합니다. 그리고 이미 그런 모습을 한 사람들을 현실에서도 자주 봅니다. 자연스레 의지도 조금씩 생기고, 운동 방법도 떠올리게 되었습니다. 수십 년을 묵혀온 당신의 그림이 있다면, 밑그림을 그리고 색칠도 해서 언젠가 현실에서 볼 수 있길 갈망합니다.

여러분의 꿈은 무엇인가요? 구체적으로 그려보세요, 꼭.

하고 싶은 걸
다 할 수 없음을 받아들이세요

나와 싸우지 마세요

관계에서 다툼이 벌어지는 이유의 내면을 들여다보면 그 본질은 상대방이 내가 원하는 대로 말하거나 행동하지 않기 때문입니다. 서운하다는 감정은 결국 내가 상대에게 마음과 정성을 쏟은 만큼 상대가 되돌려 주지 않기 때문이고, 이 감정의 근원은 결국 상대가 나와 같길 바라는 마음, 내가 원하는 대로 움직이길 바라는 마음일 것입니다. 내가 나와 싸우는 이유도 정확히 같습니다.

혹시 지금 나 자신과 싸우고 있나요? 우울함, 뒤처지는 느낌, 괴로움과 같은 감정이 나와 싸웠을 때 나타나는 증상입니다. 그 감정을 들여다보세요. 쾌락, 성취감, 안정감, 사랑받고 있다는 느낌, 평온함, 사회적 욕구 등 인간에게는 다양한 욕구가 있습니다. 평온함을 채우면 바쁘고 싶은 욕망이 올라오고, 사랑을 주면 받고 싶고, 안정감이 오면 도전하고 싶고, 불안하면 다시 안전해지고 싶어집니다. 갖고 싶은 걸 갖고 나면 또 다른 걸 갖고 싶어지는 것이 인간입니다. 인간은 누구나 이렇기 때문에, 이 욕구들을 어떻게 스스로 조절하고 받아들이는지에 인생이 달려있습니다.

큰 성취를 이룬 사람들에게 많은 사람이 "어떻게 그렇게 살아요? 놀고 싶고 여행 가고 싶고 그러지 않나요? 너무 워커홀릭 아닌가요?" 하고 묻습니다. 그런데 자신이 원하는 만큼 성취를 이뤄낸 사람들은 대부분 자신의 모든 욕구를 채우려 하지 않습니다. 우선순위를 정하고, 내려놓을 줄 압니다. 하지 못한 것을 아쉬워하기보다 하고 있음에 감사할 줄 알도록 자신을 훈련합니다.

원하는 목표가 있어 올해 휴가를 가지 못했다고 다른 사람들의 인생과 자기 자신을 비교하며 한탄하지 않아야 합니다. 원하는 기회를 얻었다면 자꾸 두리번거리며 '내가 지금 하는 게 맞나' 하는 생각을 멈춰야 합니다. 모든 것을 하려고 하고, 다 가지려고 하는 순간 내가 원하는 것은 멀어져

간다는 사실을 깨닫는 사람만이 역설적으로 결국 원하는 것을 이룰 수 있습니다. 이것은 멘탈 관리에서 가장 중요한 부분입니다.

젊을 때 이걸 깨닫는 사람은 많지 않을 것입니다. 그런데 하나 확실한 것은 훈련하면 된다는 것입니다. 우선순위를 정하기 위해서, 내 욕구 중 가장 큰 욕구를 알고 채우기 위해서는 자기 자신에게서 나오는 많은 목소리를 잘 중재할 줄 알아야 합니다. 일하면 쉬고 싶고 쉬면 일하고 싶고, 혼자 있으면 누굴 불러내고 싶고, 누구와 함께 있으면 집에 가고 싶고, 물건을 사면 더 비싼 걸 사고 싶고. 내 안에서 나오는 이런 목소리에 다 응해주다가는 방향을 잃습니다. 매일 아침 거울에 비친 나를 보며 이렇게 말해주세요. "넌 지금 원하는 것을 향해 가고 있어. 그거면 된 거 아니야?"라고요.

휴가 가지 말고, 친구 만나지 말고, 술 마시지 말고, 무조건 금욕적으로 살라는 얘기를 하는 것이 절대 아닙니다. 아무리 바쁜 사람도 하고 싶은 건 하며 살아야 합니다. 그런데 제가 말씀드리고 싶은 것은 기간을 두고, 우선순위를 정하고 자신이 정한 것이라면 만족해야 한다는 것입니다. 예를 들어 저는 저에게 '올해 하반기는 책을 내기로 했으니, 글만 쓰자, 작은 쉼만 가끔 챙기고 다른 건 웬만하면 하지도 말고 하고 싶어 하지도 말자. 대신에 출판하고 나서 내년의 나에게 일주일간의 여행을 선물해 주자' 하고 말합니다.

하고 싶은 거 다 하고 살 수 없습니다. 그건 어린아이부터 대기업 대표님까지 모든 인간 공통입니다. 그냥 다른 생각 말고 지금 하기로 한 일을 일단 해야 합니다. 저는 2025년 업무 외적으로는 글쓰기와 운동만 하겠다고 마음먹었습니다. 중간중간 작은 즐거움들을 찾아나가겠지만 그렇지 않아도 아주 행복하다고 저를 설득하고 있습니다. 네, 이 글은 독자분들만이 아닌 저에게 하는 이야기이기도 합니다.

삶의 리듬을
깨트리지 않는 '선해'

이해와 오해

이해란 가장 잘한 오해이고, 오해란 가장 적나라한 이해다.
_김소연, 『마음사전』

　제가 참 좋아하는 문장 중 하나입니다. 저는 다툼을 다루는 직업을 하다 보니 항상 오해와 이해에 대해 생각합니다. 인생에서 가장 힘든 시기에 저를 찾아오는 의뢰인들에게는 말 한마디가 조심스럽습니다. 위로하는 마음으로 괜한 희망을 드렸다가 나중에 원망으로 돌아오기도 하고, 팩트만 전달하면 상처받았다는 피드백이 돌아오기도 합니다. 1년 이상의 긴 과정에서 상대방에 대한 미움이 대리인에게 오기도 하고, 열심히 일하고도 욕먹는 직업인 걸 알지만, 사람인지라 억울할 때도 있습니다.

매일 적어도 다섯 시간, 타인의 고통을 귀와 머리, 가슴으로 받아내고, 전국 어디든 대신 싸우러 가는 직업이 솔직히 많이 고단했습니다. 누가 물으면 늘 '천직'이라고 대답했지만, 천직이라고 해서 고단하지 않은 것은 아니니까요.

사람이 가장 큰 스트레스를 받을 때가 '이해할 수 없을 때'라는 걸 많은 케이스를 겪으며, 저 자신을 보며 알게 되었습니다. 그래서 억지 이해를 하려고 노력하고 '그럴 수 있지. 그래 사람은 다 다르니까'를 항상 되뇌었습니다. 그러다 보니 '이게 제대로 된 이해가 아니라 오해면 어떡하지?'라는 의문을 항상 품고 살게 되었습니다. 그래서 또다시 그게 스트레스로 오게 되었습니다.

스트레스를 받으면 방법을 찾아 풀 수 있고, 풀면 되는데 방법을 알면서도 시간이 녹록지 않았습니다. 책임과 의무가 나를 기다리고 있는데 갑자기 스트레스를 풀러 갈 수는 없었기 때문입니다.

그러던 30대에 위의 문장을 만나고, '그래, 이해면 어떻고 오해면 어때. 어차피 인간이 인간을 다 이해할 수는 없고 내가 저 사람의 입장과 상황에 부닥치지 않는 이상 완전한 이해를 한다는 것은 오만일 거야. 그냥 가장 잘한 오해를 하고 넘어가면 되는 거야'라고 저자가 저에게 말해주는 것 같았습니다. 얼굴도 모르는 분에게서 큰 위로와 용기를 받게 되었고, 그때부터 스트레스가 크게 올 때마다 위 문장을 되뇌었습니다.

일뿐 아니라 친구 관계, 가족 관계에도 참 도움이 되는 문장입니다. 오해와 이해를 엄격하게 구분하려는 것 자체가 불가능에 도전하는 것이니, 이해하기 어려운 일이 있다면 '가장 잘 오해하자', '선해하자' 생각하면 편안해졌습니다. 편안해지니 스트레스를 풀 시간을 따로 내지 못해도 그때그때 뭔가가 해소되는 느낌이 들기도 했습니다. 이 훈련을 계속해 나가면서 누구를 바닥까지 이해하려는 노력 자체를 멈추고 내 부족을 받아들이게 되었습니다. 이래서 좋은 문장은 정말이지 기적이지요.

최대한 선해하기

'가장 잘한 오해'를 저는 '선해법'이라고 칭합니다. 선해법은 일상 어디서든 적용할 수 있습니다. 어떻게 적용할지 구체적인 예를 좀 들어보겠습니다. 밤을 꼬박 새워서 보고서를 작성했습니다. 퀭한 눈으로 아침에 부장님에게 결재를 올렸는데 부장님의 반응은 이렇습니다.

"이걸 보고서라고 만들어 왔어?"

사람마다 다르겠지만 저는 누군가에게 이런 알맹이도 없고, 이유도 모를 폭언을 들었을 때 가장 큰 스트레스를 받습니다. 왜 보고서가 맘에 안 드는지 이유를 알려주면 좋은데, 자신의 감정부터 풀고 시작하는 사람에게 너무 화가 납니다. 특히 직장에서의 감정은 각자의 몫이니까요. 저에게도 이런 일이 있었습니다. 예전에는 일단 죄송하다고 말하고, 그를 이해하기 위해서 정말 많은 에너지를 썼습니다.

'내가 못 했으니까 그렇겠지. 그래, 화날 수 있지. 근데 이유를 말해주는 게 더 중요한 거 아니야? 아니, 성질난다고 화내고 명확한 업무 지시를 안 하는 건 자기 잘못이잖아? 앞으로 저 사람하고 어떻게 일하지, 미치겠네! 아, 스트레스 받아!'

이런 생각을 계속하다 보니 잠도 잘 안 오고 밥도 잘 안 넘어갔습니다. 그런데 내가 예측할 수 없는 상황에서 누가 갑자기 화를 내거나 서운하다고 하는 일은 내가 통제할 수 없으니, 생각을 바꾸기로 다짐했습니다. 그런 스트레스 때문에 내 하루를 침범받기 싫고, 에너지도 낭비하고 싶지 않은 절실함이 결국 생각과 마음가짐을 바꾸게 만든 것이지요.

가장 잘 오해하는 것, 선해를 선택한 것입니다. '보고서가 완벽하진 않았나 보다. 이유를 찾아서 물어보고 다시 쓰자. 아침에 안 좋은 일이 있었나? 뭐가 잘못되면 다 저 사람 책임이 되니까 저렇게 불안함을 표현하나보다. 불안함을 나한테 표현하는 걸 보니 내가 그래도 꽤 믿음직스럽나 봐?(정신 승리)'

부장   이걸 보고서라고 만들어 왔어?
나   네? 지금 그걸 말씀이라고 하세요?(눈에는 눈 이에는 이 기법)

이렇게 말할 수 있다면 얼마나 좋겠냐마는 사회생활에서는 거의 불가능한 일입니다.

대신 상대방의 말의 의도를 최대한 선해하여, "혹시 어제 회의에서 말씀하신 내용까지 반영해서 다시 만들면 될까요?" 등 상대의 불안을 잠식시켜 줄 선택지를 주면, 상대방의 반응은 두 가지로 나눠집니다.

바로 더 큰 화를 내는 사람과 약간이라도 미안해하는 사람입니다. 후자라면 앞으로 계속 일을 해 나갈 수 있고, 대화라는 것은 상호작용이기 때문에 시간이 흐를수록 자신의 불안과 화가 내게 접수되지 않는다는 것을 깨닫고 상대방이 결국 말투를 고치게 될 거라고 저는 자신합니다. 하필 상대방이 전자라면 오히려 괜찮습니다. 저런 말투는 완전한 그 사람의 문제이기 때문입니다. 그냥 무시하면 됩니다. 이런 사람을 구분하기 위해서라도 선해법을 꼭 써보면 좋겠습니다.

선해법은 '좋은 게 좋은 거다'라고 얼렁뚱땅 넘어가자는 얘기가 절대 아닙니다. 내 마음과 시간을 지키기 위해서 '그래서 그런 거겠지!' 하고 내 정신건강에 좋게 생각하고 넘어가는 훈련을 해보자는 제안입니다. 오해든 이해든 상관없습니다. 오해든 이해든 나에게 가장 이로운 걸 선택하면 됩니다. 어차피 평생 내 옆에 함께 있어 줄 사람은 나밖에 없으니까, 내가 편하게, 나와 잘 지내면 됩니다.

결핍은 선물입니다

유능감에 대한 결핍

어린 시절부터 몸이 약했습니다. 한 달에 한 번은 심한 열감기를 앓고, 성장이 더뎌서 다른 친구들보다 몇 치수 작은 옷을 입었습니다. 교복을 입고 있는데도 "어디 초등학교 다니니?"라는 질문을 들었고, 고등학생 때는 "중학교 몇 학년?" 하고 묻는 사람이 있었습니다.

중학교 2학년까지는 반에서 가장 작은 아이였습니다. 캠프나 수학여행을 가면 꼭 아파서 돌아왔습니다. 누군가에게 민폐를 끼칠까 봐 걸스카우트 같은 단체에 들어가는 건 꿈도 꾸지 못했습니다. 다행히 스물한 살까지 성장을 해서 평균 키 근처에 도달했습니다.

누군가에게 필요한 존재가 되고 싶은 순간, 친구를 돕고 싶은 순간에도 늘 "넌 빠져있어. 가만히 있는 게 도와주는 거야", "나서지 마. 그러다 너 약값이 더 들겠다"라는 이야길 들어야 했습니다. 사람들은 제가 약하다는 이유로 참 많이 배려해 주었지만, 저의 약함, 약해 보임은 콤플렉스가 되었습니다.

반에서 유일하게 제가 쓸모 있을 때는 좁은 곳에 뭔가 빠져서 주워 올 사람이 필요할 때뿐이었습니다. 저보다 뼈가 얇은 사람이 거의 없어서 지우개가 좁은 틈에 빠졌을 때 저를 찾았습니다. 매점에서 빵을 사 먹고 교실로 돌아왔더니 남학생들이 '최유나 재킷 입기 토너먼트'를 하고 있었습니다. 재킷은 첫 선수에 의해 찢어졌습니다. 누구도 저를 적대시하지 않고 동갑인 친구들은 항상 동생처럼 귀여워해 주었지만 (학창 시절 별명이 '뽀삐'입니다) 저는 그게 마냥 좋지만은 않았습니다.

고등학교 1학년 여름방학에 '농촌봉사활동(농활)'을 간다는 벽보가 붙었습니다. 엄마는 "너 가면 열나서 아프다, 민폐니 가지 말아라"라고 하시며 말렸지만 저는 더 약이 올라 보란 듯 친한 친구와 함께 지원했습니다. 친구는 키가

170cm에 가까웠고 저는 여전히 몸무게가 40kg도 안 되는 약골이었습니다.

설레는 마음으로 농촌에 도착했습니다. 밀짚모자를 눌러쓰고, 트럭 뒤 칸에 탄 제 모습을 지난 일주일 내내 생각하며 잠들었던지라, 첫 임무가 무엇일지 잔뜩 기대하고 있었습니다. 당시 농촌에서 가장 손길이 필요했던 것은 '피 뽑기(논에서 자라는 잡초 등을 뽑는 일)'라는 것을 미리 알고 백과사전에서 할 일을 찾아보고 갔는데 저에게 주어진 업무는 좀 다른 것이었습니다.

"지금 피 뽑으러 갈 건데 일단 키 작은 친구들, 몸 약한 친구들은 이쪽으로 나와봐요."

심장이 쿵 했습니다. 저에게 하는 말이라는 것을 알면서도 피 뽑기가 너무 하고 싶어서 최대한 나가지 않고 버티고 있었는데, 선생님들이 당연하다는 듯 저를 가장 먼저 열외로 했습니다. 저 외에도 다섯 명 정도가 무리에서 빠지게 되었습니다. 다들 고만고만한 아이들이었습니다.

잠시 후 키가 큰 제 친구는 트럭 뒤 칸에 탑승해서 저에게 손을 흔들며 사라졌고 저는 동네의 작은 교회로 가서 소품 같은 것을 만들고 치우는 역할을 맡게 되었습니다. 친구는 돌아와서 피 뽑기가 얼마나 힘든지 얘기했지만, 저는 그것조차 부러웠습니다.

이때부터 제 안에서 무언가가 끓어오르기 시작했습니다. 아마 열등감과 결핍이었겠죠. '난 꼭 필요한 사람이 될 거야. 누구에게도 도움을 구하지 않고, 내가 도움을 줄 수 있는 사람이 되고 말 거야.' 그날의 기억이 너무 생생합니다. 지금 생각해 보면 너무 유치하지만, 소품을 걸레질하는데 눈물이 계속 바닥에 떨어졌습니다. 그 눈물을 누가 볼까 봐 걸레로 훔쳤습니다. 다시는 중요한 일은 맡을 수 없는 사람이 된 것 같았습니다. 그 순간 엄마가 우유 먹으라고 할 때 먹을 걸 왜 그렇게 먹기 싫어서 맨날 친구한테 줘 버렸나, 얼마나 후회했는지 모릅니다.(마흔이 되어 지연성 알레르기 검사를 통해 우유가 저에게 해로운 음식임을 알게 되었지만요.)

그때부터 "저 할 수 있습니다! 제가 하겠습니다!"를 외치는 사람이 되었습니다. 대학교 때 친구가 "유나야, 넌 왜 손 씻을 때 가방 들어 달라는 말을 안 해?"라고 묻는데 그 순간 그 농활이 떠올랐었던 것 보면 그 '열외의 기억'이 꽤 강렬했나 봅니다. 누군가에게 '도와줘'라는 말을 하는 것이 나를 무너트리기라도 하는 것처럼 도움받기를 꺼리고 어떻게든 내 힘으로 하려고 하는 저의 성향은 그 농활이 저에게 준 결핍이자 동시에 선물이 되었습니다.

대학생 때 팀 프로젝트를 하면 "발표 누가 할 거예요?"라는 질문에 3초를 못 참고 손을 들어 "제가 하겠습니다"라고 질러놓고 집에 와서 제가 했던 말을 후회하며 밤을 새우는 날이 많았습니다. 첫 회사에서 "최 변, 영어 전공했던데 계약서 번역할 수 있나?"라는 말에 "그럼요! 할 수 있습니다"라고 해놓고 시간과 능력 부족으로 사비를 털어 번역가에게 번역을 맡긴 부끄러운 기억도 있습니다.

결혼 후 시어머니께서 제사상을 차리시는 걸 보고 "어머니, 제사 저희 집으로 모셔갈래요"라고 해놓고 전을 일곱 시간 부친 다음 현기증이 나서 두 시간 동안 못 일어난 적도 있습니다. 아이 친구 엄마들에게 "저희 집에서 맛있는 거 해드릴게요" 해놓고 3일 내내 레시피만 보며 땀을 뻘뻘 흘린 적도 있습니다. 30대 내내 내가 도대체 왜 이러는 것인지 후회하고, 괴로워하고, 또 반복하는 시간을 보내야 했습니다. 그리고 내게 '유능감'에 대한 결핍이 있다는 것을 어렴풋이 알게 되었습니다.

결핍이 잠재력을 끌어낸다

『결핍은 우리를 어떻게 변화시키는가』라는 책을 보면, 우리의 무의식이 자신이 가진 결핍에 얼마나 놀라울 만큼 집중력을 보이는지 알 수 있습니다. 이 책에는 배고픔, 외로움, 물리적, 경제적 결핍 등이 사람에게 물론 부정적인 결과를 줄 수도 있지만 그것을 잘 이용하면 자신의 잠재력을 최대로 끌어내기도 한다고 설명되어 있습니다.

"유나야, 넌 왜 이렇게 바빠?"

"변호사님은 왜 그렇게까지 하시는 거예요?"

"좋은 직업 갖고 계시는데 왜 다른 일까지 도전하세요?"

"욕심이 정말 많으신 것 같아요."

30대에 가장 많이 들었던 이야기입니다. 나는 정말 왜 그럴까? 왜 24시간을 48시간처럼 써야 직성이 풀리고, 가만히 있는 것을 좋아하지 않을까. 체력도 약한데 왜 머리는 눈치 없이 이루고 싶은 꿈을 계속 생각할까. 왜 자꾸만 뭘 해내야 한다는 강박을 가지는 걸까?

제가 출연한 TV 프로그램 영상 아래 '저 사람은 돈을 얼마나 더 벌고 싶어 저래'라고 쓰여있는 댓글을 본 적이 있습니다. 또 강연 질의 응답시간에 경쟁심이 너무 많아서 뭐든 이기고 싶은 성향이냐고 묻는 사람도 있습니다. 그런데 경제적, 물질적 욕망이나 누군가를 이기고 싶은 경쟁심은 제 성향과 가장 동떨어진 것입니다. 인생의 우선순위에서 가장 뒤쪽입니다. 하지만 두 가지가 아니라면 나의 행동이 더욱더 설명 안 되는 것 같아서 저 또한 답을 찾기 위해 애써왔습니다.

30대 후반, 아이들과 캠핑하러 갔던 강원도의 한 마을에서 논밭을 바라보다 농활의 기억이 떠올랐고, 문득 깨닫게 되었습니다. 오래된 고민의 답을 한순간에 찾을 수 있었습니다. '나는 잘하는 것이 많은 사람, 유능한 사람이 되고 싶은 거구나. 누군가에게 도움이 되는 사람, 필요한 사람, 든든하고 영향력 있는 사람이 되고 싶었구나' 하고 말입니다.

약했던 10대, 뭐든 잘 해내고 싶었던 20~30대를 지나온 지금, 40대의 저는 결핍에 감사합니다. 농활의 기억에 감사합니다. 나에게 어떤 결핍이 있었고, 왜 그리도 그걸 채우려 했는지 알게 되었으니까요. 이제는 뭐든 잘 해내는 사람이 된다는 것은 불가능하고 그런 욕심이 나를 해칠 수도 있다는 것도 알게 되었습니다. 그래도 결핍이 선물이라고 말할 수 있는 것은 그 결핍 때문에 치열하게 열심히 살 수 있었고 나를 계속 궁금해할 수 있었기 때문입니다.

세계적으로 엄청난 부를 이룬 최고 경영자들은 대부분

어린 시절 경제적 궁핍을 경험했다고 합니다. 결핍은 열정의 원료가 되기 때문에 결핍을 부정적인 방향이 아니라 긍정적인 방향으로 사용한다면 결핍이 우리 모두에게 선물이 된다는 생각을 해봅니다.

여러분의 결핍은 무엇인가요? 저는 약골 최유나를 벗어나기 위해서 올해 2월부터 운동을 시작했습니다. 많이 늦었지만, 늦은 만큼 더 열심히 해보려고 합니다. 양로원에서 누군가 제게 물병을 건네며 "유나야, 나 힘이 없어. 이것 좀 까줘"라고 말하는 날이 올 수도 있지 않을까요?

고독을 받아들이세요

본질적으로 고독한 존재

"인생은 기분 관리야."

최화정 배우님이 유튜브에서 한 말입니다. 듣자마자 고개가 절로 끄덕여졌습니다. 행복의 측면에서 본다면 인생은 기분 관리, 성취의 측면에서 본다면 인생은 고독 관리가 아닌가 싶습니다. 어떤 분야에서, 뭔가를 잘 해내고 싶은 사람에게는 고독 관리도 기분 관리만큼이나 중요합니다. 어차피 우리는 자신이 원하는 것을 성취해야 행복을 느끼기 때문에 결국 고독 관리나 기분 관리는 행복으로 나아가기 위한 필수 요소입니다.

고독은 혼자 있는 즐거움을, 외로움은 혼자 있는 고통을 표현하는 말이다.

_폴 틸리히 Paul Johannes Tillich (독일 신학자)

고독은 스스로 택한 외로움이다.

_데이비드 시어스 David O. Sears (미국 심리학자)

고독은 우리 자신을 더 강인하게 만들지만, 타인에게는 더 부드럽도록 만든다. 고독은 두 가지 면에서 우리를 성장시킨다.

_프리드리히 니체 Friedrich Nietzsche (철학자)

고독을 예찬한 사람들은 이 외에도 셀 수 없을 만큼 많습니다. 왜 이렇게 많은 사람이 고독을 기꺼이 선택하라고 외치는 것일까요?

우리는 모두 본질적으로 고독한 존재입니다. 그런데 그것을 부정하면 어떨까요? 밀어내면 밀어낼수록 그 반동으로 외로움을 느끼게 될 것입니다. 우리, 같이, 함께, 너와 나. 이런 말들이 큰 의미로 다가오는 시기들이 있습니다. 주로 20대가 그렇습니다. 20대에는 인간이 고독한 존재임을 애써 부정하고 밀어내려고 합니다. 그래서 계속 그 반동에 치이고, 눈물을 흘리며, 괴로워합니다. 어쩌면 인간이 고독하다는 것을 받아들이는 데 필요한 시간이기도 합니다.

세상에는 나와 딱 맞는 사람이 없고, 아무리 이해하려고 해도 이해할 수 없는 부분이 존재하며, 누군가를 좋아하는 마음의 크기만큼 증오의 크기가 커지기도 하며, 나를 이해해 달라고 누구를 붙잡고 아무리 외쳐도 그 사람도 자기 코가 석 자라는 사실. 남은커녕, 자기 자신을 이해하는 데에 한평생을 다 바쳐도 모자란다는 사실을 우리는 경험을 통해 조금씩 알아가기 시작합니다.

30대부터는 조금씩 누군가와 함께라는 것이 내 인생을 좌지우지할 정도로 중요하진 않다는 것을 느끼기 시작하고, 40대부터는 혼자임을 즐기는 법을 터득했는지, 그렇지 않은지로 삶의 만족도가 달라지기 시작합니다. 50대, 60대, 70대가 되어도 결국 사람은 예외 없이 혼자임을 즐길 줄 알아야 행복해질 수 있다는 것을 깨닫는 과제가 남아 있습니다. 그런데 이 과제는 시간이 흐를수록, 나이가 들수록 더욱더 큰 노력을 해야만 이뤄낼 수 있는 난제가 됩니다. 어차피 누구나 다 외롭고, 피할 수 없으니 즐겨야 합니다. 이 사실을 빨리 깨달을수록 이득입니다.

고독을 부정했던 시간이 있었습니다. 고등학교 때 제가 다니던 독서실 사장님이 새로운 학생을 받을 때 "너 최유나 알아?"라고 물어보고 안다고 하면 독서실 등록을 못 하게 막았다는 농담을 하셨을 정도입니다. 아는 친구가 들어오면 저는 공부는 안 하고 휴게실에 친구랑 같이 있을 거 같았기 때문이었습니다. 그 정도로 저는 친구를 좋아했습니다.

담임 선생님은 수업 시작종이 울리자마자 "최유나, 뒤에 가서 손 들고 서 있어. 어차피 수업 시작하자마자 떠들 거 같으니까"라는 농담을 하시기도 했습니다. 정말로 친구 없으면 못 사는 소녀였습니다. 대학생이 되어서는 동아리 활동 시간이나 MT를 가장 좋아했습니다. 20대 초반에는 고독을 부정하고, 간극이 생기면 슬픈 마음이 들었습니다.

고독한 존재임을 인정하기

로스쿨에 다니면서 시험을 보기 위해서는 누군가와 어울리고, 함께하는 시간을 갖는 것이 불가능해졌습니다. 점점 무엇이든 혼자 하는 시간이 늘어났고, 억지로 고독을 견뎠습니다. 변호사가 된 다음에도 팀원들과 회의나 식사를 하는 일이 거의 없었고, 업무의 특성상 혼자 전국 여기저기로 재판하러 다니고, 식사를 하고, 서면을 쓰고, 야근하는 일이 이어졌습니다. 직장 생활을 하면 외롭지 않을 줄 알았는데 전혀 아니었습니다. 누군가의 인생이 걸려있는 사건을 맡는 일이 생각보다도 더 외로웠습니다.

그러다 개업을 했습니다. 직원분들과 저의 입장과 상황이 다르니 편하게 마음을 열고 함께하기가 어려웠습니다. 회사의 상황이 어떻든 다 괜찮은 척하며 직원들에게 믿음과 신뢰를 줘야 하는 처지였고, 고독하지 않은 척하는 가면도 점점 두꺼워져 갔습니다.

언제 끝날까 싶은 지독한 외로움은 출산 후 점점 더 심해졌습니다. 매일 어둠 속에서 아이에게 수유하며 밤을 지새웠습니다. 외롭고 우울하고 이러다 곧 병원에 가서 치료받아야 할 것 같다는 생각이 들기도 했습니다. '난 결국 외로움에 패배하겠구나' 하는 생각을 수백, 수천 번 했습니다.

다른 친구들은 배우자와 쇼핑도, 저녁 식사도, 주말 나들이도, 가족 모임도 하는데 제 배우자는 주말과 평일 저녁에도 일을 했기 때문에 그것도 불가능했습니다. 30대에는 더 외롭고 힘들다는 생각을 참 많이 했습니다. 아마 아이를 키우며 일을 하는 대부분의 여성이 같지 않을까 싶습니다.

그렇게 제 삶의 구조상, 본의 아니게 혼자 생각하고, 혼자 먹고, 혼자 쓰며, 혼자 견디는 시간이 계속되며 10여 년이 흘렀습니다. 무너질 것 같은 순간이 너무 많았지만, 다른 사람에게 의지하거나 기대는 것은 옵션에 없었습니다. 친구도, 가족도 아닌 내 머릿속에 명확히 해내고 싶은 것들이 있다는 사실만이 시간을 견딜 수 있게 해주었으며 결국 외로움이 아닌 고독을 선택할 수 있게 해주었습니다.

스스로에게 자신 있을 만큼 사건 경험이 많은 변호사가 되고 싶었고, 아이들이 기댈 수 있는 엄마가 되고 싶었고, 언젠가 작가가 되고 싶었기 때문에 순간순간 밀려오는 외로움을 꾸역꾸역 발끝까지 힘을 내어 차버릴 수 있었습니다. 해내고 싶은 일이 없었다면 절대로 견디지 못했을 것임이 분명합니다.

지금은 외롭고 괴로웠던 그 시간에 참 감사합니다. 10년의 고독한 시간 동안(앞으로도 고독하겠지만) 내가 무엇을 하면 바로 행복해지는지, 극도의 스트레스를 받으면 어떤 처방을 내려야 하는지, 내가 누구를 만나면 많이 웃게 되는지, 어떻게 마인드셋을 했을 때 빨리 회복되는지 다 알게 되었으니까요. 넘치게 고독했기 때문에 이제는 그 고독을 잘 관리하는 방법 또한 잘 알게 된 것입니다. 경험이 많으니 노하우가 쌓이는 것은 당연하겠죠. 저는 빨갛고 쫄깃한 음식을 먹거나, 미술관, 노래방, 전시회에 다녀오면 스트레스가 풀립니다. 이제 저와 잘 놀아주는 법, 저를 달래는 법 하나는 가장 잘 알고 있는 사람이 되었습니다.

사람은 혼자서는 살 수 없습니다. 누군가와 함께 있을 때 행복을 느끼는 것이 훨씬 빠르고 쉽습니다. 그런데 다른 사람과 함께 있는 것을 즐긴다는 말과 혼자 있는 시간을 괴로워한다는 말은 다릅니다. 혼자 있기를 지속적으로 괴로워한다면, 고독이 아닌 외로움을 선택한다면, 자신이 원하는 만큼의 성취를 이룰 수 없습니다.

꿈을 향해 나아가고 뭔가를 해내는 사람들은 전부 고독을 즐기는 사람입니다. 그러니 우리, 뭔가를 잘 해내고 싶다면, 고독을 선택하고 즐길 줄 알아야 합니다. 이것부터 해내야 그다음이 있습니다. 내가 나의 베스트프렌드가 된다면 인생에서 얼마나 많은 시간과 에너지를 줄일 수 있을까요. 시간 관리의 시작, 행복의 시작, 고독 관리. 지금부터 하셔야 합니다.

운전대를
잡고 있으면 괜찮습니다

스트레스 관리의 중요성

결국 시간 관리 중 가장 중요한 요소는 스트레스 관리입니다. 앞서 언급한 바와 같이 스트레스를 잘 관리하지 못해 번아웃이 오면 꾸준히 일을 하기 어렵고, 스트레스 해소를 위해 큰 시간과 비용을 들여야 하며, 건강도 상하기 때문입니다. 스트레스를 안 받고 하고 싶은 일을 맘껏 하면 제일 좋겠지만, 일하다 보면 누구에게나 스트레스는 옵니다. 목표대로 풀리지 않았을 때, 불가능한 것을 계속 요구하는 사람이 있을 때, 나는 맞다고 생각하는데 직장 상사나 동료가 이의를 제기했을 때, 문제를 해결하기보다 화만 내는 사람을 만났을 때, 큰 스트레스는 언제든 몰려옵니다.

숨이 차고, 잠이 오지 않고, 상대를 설득할 논리를 만드느라 생각이 머리를 지배하고 일상생활이 어려워집니다. 이럴 때 어떻게 하면 좀 더 스트레스를 덜 수 있을지 제 생각을 나누어보려고 합니다.

큰 스트레스를 받았을 때 저는 일단 숨이 차오르면서 두통이 옵니다. 몸에 산소 공급이 안 되는 것 같은 느낌입니다. 그 스트레스가 몰려온 직후에는 급한 일이 있어도 해당 장소를 잠깐 떠납니다. 사무실 앞으로 잠시 산책 나가거나, 차 안이나 근처 카페라도 갑니다. 그리고 듣고 싶은 음악을 들으며 심호흡을 합니다. 여러 책에서, 걷거나, 음악을 듣거나, 심호흡하는 방법이 크게 효과가 있다는 것을 보고 해봤는데, 저에게는 분명히 효과가 있었습니다. 그리고 머릿속으로 계속 한가지 생각을 떠올립니다.

'이건 내가 운전대를 잡고 있기 때문에 받는 스트레스야. 내가 원하는 차에 탄 것이 아니라면 이런 스트레스를 받을 리가 없어. 비포장도로든, 고속도로든 차는 제대로 탄 것이니 이렇게 가다 보면 원하는 곳에 도착하게 될 거야.'

장기적인 목표로 나아가기

여러 사람과 함께 차를 타고 어딘가로 가고 있습니다. 목적지로 가다 보면, 동행인 사이에서 다툼이 발생하기도 하고, 길이 공사 중이거나 완만하지 못해서 원하는 시간에 도착하지 못할 수도 있습니다. 그래도 결국은 우리는 돌고 돌아 원하는 곳에 도착합니다. 제대로 된 차만 탔다면 말이죠.

미국이나 유럽으로 가는 항공권을 예약하면 너무 설레지만, 막상 비행기에 타면 그저 행복하지만은 않습니다. 난기류에 비행기가 오르락내리락하면 생명의 위협을 느끼기도 하고, 먹고 싶은 음식을 먹을 수도 없습니다. 하고 싶은 일을 마음대로 할 수도 없어서 참아야 하고, 피부도 푸석푸석 건조해 집니다. 어렵게 도착하면 이제 시차 때문에 며칠 정신을 못 차립니다. 도착 후 3일째나 되어서야 비로소 정신이 들고, 아름다운 풍경이 눈에 선명하게 들어오기 시작합니다.

우리가 장기적인 목표를 향해 나아가는 것도 어쩌면 이와 같습니다. 우리가 목적지로 가는 제대로 된 차만 탔다고 생각하면 그 안에서 스트레스는 자연히 따라서 발생하는 것입니다.

'제발, 오늘 하루 누군가의 태클이 없기를.'

'아주 건드리기만 해 봐라, 폭발하기 일보 직전이니까.'

'이번 프로젝트 끝날 때까지만 아무 일 없으면 얼마나 좋을까?'

이런 희망과 기대를 하지 말아야 합니다. 세상에 그렇게 진행되는 일은 없습니다. 평탄하게, 빠르게 가기를 원하는 그 기대감의 정도가 바로 나중에 내가 받을 스트레스의 양입니다. 이 절대적인 사실을 인지한다면 어떤 어려움이 오더라도 '역시 쉽지 않군. 그래, 어디 잘 해결해 보자. 파이팅, 나야!' 하며 내 자신에게 용기를 주세요. 기대를 신뢰로 바꾸면 스트레스의 접수량이 훨씬 적어지는 경험을 하게 될 것입니다. 아무 어려움이 없길 바라는 기대를, '나라면 어떤 어려움이 닥치더라도 잘 해결할 수 있을 거야' 하는 신뢰로 치환하면 더 멀리 갈 수 있습니다.

"이것 좀 해주세요. 저것 좀 해주세요."

"정말 실망입니다. 사람 그렇게 안 봤는데, 이것 밖에 일 처리를 못하세요?"

이런 말은 운전대를 잡고 있거나, 최소한 제대로 된 차에 타서 정방향으로 나아가고 있기 때문에 듣는 말들입니다. 보통 극도의 스트레스를 받는 상황은 어떤 책임을 맡은 경우에 일어납니다.

책임을 맡는다는 것은 지금, 또는 미래에 내가 진정으로 원하는 방향으로 더 잘 갈 수 있도록 성장시키는 동력을 가지게 된다는 의미입니다. 지금의 스트레스는 나의 엔진임을, 이 엔진 없이는 내가 아무 곳으로도 갈 수 없다는 것을 꼭 스스로에게 상기시켜 주셔야 합니다. 여러분은 잘할 수 있습니다. 스트레스가 많으신가요? 잠시 쉬면서 주유를 합시다.

자, 이제 어디로 갈까요?

두 가지 마음 훈련

불편하지 않기 훈련

20대부터 부당하다고 느껴지는 상황을 참 많이 보았습니다. 특히 젊은 여성에 대한 사회적인 시선이 화가 날 때가 많았습니다. 신입 변호사 시절, 저는 원룸에 거주하고 있었습니다. 어느 날 쓰레기 분리수거를 하고 있는데 경비원분이 대뜸 "사람들이 분리수거를 제대로 안 해, 검사를 해야겠어" 하면서 제 쓰레기를 제 앞에서 다 뜯은 적이 있습니다. 똑같은 종량제 봉투를 들고나온 건장한 남성의 쓰레기는 검사하지 않았습니다.

어떤 날은 운전하는 저에게 다른 운전자가 갑자기 제가

자신을 추월했다며 제 차를 가로막고 폭력을 시도했던 적도 있었습니다.(지나가는 행인분이 막아주셨습니다.) 분명히 제대로 주차했는데 주차를 못 한다며 위아래로 저를 흘겨보며 욕을 하는 사람도 봤습니다. 힘이 없어 보이는 젊은 여성이라서 화풀이 대상이 된 거 같아 이런 일을 겪을 때마다 저는 점점 움츠러들고 예민해졌습니다. 가끔 의뢰인분이 대뜸 "20대 여자 변호사 싫다, 바꿔달라"라고 하시기도 했으니, 직업적 자존감도 점점 낮아졌습니다.

그렇게 소위 탈탈 털리면서 하루하루를 보내던 중, 내가 저 사람들의 태도와 생각을 다 바꿀 수가 없는데 계속 불편함을 느끼는 것이 너무 큰 손해라는 생각이 들었습니다. 억울하고 부당하다는 생각이 너무 컸기에 불편하지 않기 훈련을 하기로 결심했습니다.

'누가 뭐라든 나한테는 전혀 데미지가 없다는 식으로 웃어넘기자. 내 기분이나 자존감이 타인에 의해 다치게 돼서는 안 된다. 그 어떤 부당하고 불편한 상황을 봐도 그것이 경찰에 신고할 정도의 객관적인 위험 또는 공익을 침해할 만한 부당한 상황이 아니라면 그냥 긍정적으로 생각해 버리자.'

이게 저의 불편하지 않기 훈련입니다. 어떻게 보면 신경을 꺼버리는 훈련이었지요. 절대로 쉬운 일은 아니었습니다.

평생 내 경력을 쌓아가야 하는데 이렇게 계속 방전되면 일을 언젠가 관둬버리고 말 것 같다는 절박한 심정에 시작하게 된 것입니다. 매일 자기 전에 하루 종일 있었던 불편했던 상황들을 떠올리며 그것을 컨트롤하지 못하는 답답함에 잠 못 이루던 날들을 청산하고 싶었습니다.

이 훈련을 시작하고 제 삶은 정말 많이 달라졌습니다. 그래서 '불편하지 않기 훈련법'을 특히 20~30대 여성들에게 꼭 추천해 주고 싶습니다. "난 괜찮아"라는 말을 입에 달고 살다 보니 정말로 어느 순간 모든 것이 괜찮아졌습니다. 답답하고 억울했던 상황에서의 대처가 달라졌습니다. 예전 같으면 경비분의 행동에 잔뜩 상처받은 얼굴로 "아저씨, 왜 제 쓰레기만 뒤지세요!" 하고 따졌을 것이고, 변호사를 바꿔 달라는 의뢰인분에게는 "제가 로스쿨에서 성적이 어떻고, 승소 사례가 어떻고" 하며 나를 증명하려고 애썼을 것입니다.

바뀐 저는 더 이상 그렇게 하지 않았습니다. 경비분이 다시 저에게 그러한 '불편한' 행동을 한다면 저는 당황하고 놀란 얼굴로 부당함을 토로하는 에너지 투입 대신에 그냥 알아서 하시라고 쓰레기를 놓고 가버릴 것입니다. 의뢰인분이 젊은 여성이라 싫으니 다른 변호사로 바꿔 달라고 하시면 그냥 연륜 있는 변호사님처럼 넉넉한 미소를 지어 보일 것입니다. 절 신뢰하실 수 있게요.

다른 사람을 컨트롤할 수는 없으니 내가 데미지를 입지 않으면 정말 모든 것이 괜찮아진다는 것을 알게 되었습니다. 훈련 이후 과거로 돌아갔다면, 경비분은 저의 기세에 꺾이셨을 것이고 의뢰인분은 결국 저를 신뢰하게 되셨을 것입니다.

'오히려 좋아' 훈련

불편하지 않기 훈련이 나에 대한 부당한 태도와 상황에 신경을 끄고 내 갈 길을 가는 훈련이라면 이것을 좀 더 확장한 버전이 있습니다. 중요하지 않은 것 외에는 다 괜찮다고 생각하는 '오히려 좋아' 훈련입니다. 예를 들어 카페에서 아메리카노를 시켰는데 라테가 나왔습니다. 유당불내증이 있는 것만 아니라면 이건 그냥 괜찮은 일이 맞습니다. 식당에 가서 파스타를 시켰는데 리소토가 나왔습니다. '밀가루를 먹는 것보다 쌀을 먹는 것이 속이 편하니까 괜찮아. 먹어보고 싶었던 파스타는 다음에 먹어볼 수 있으니 오히려 좋아.' 이렇게 생각하는 것입니다.

원래 낙천적인 성격을 타고난 사람들만 할 수 있다고요?

다른 사람들의 실수를 용인하며 살면 손해라고요? 절대 아닙니다. 타고 나지 않아도 충분히 훈련으로 가능하고, 다른 사람을 용인하면 할수록 결국 나에게 여유가 생깁니다.

물론 이 훈련들은 '업무 외적인 상황'들에 적용해야 합니다. 가장 예민하고 정확해야 할 내 업무 외의 모든 상황에 적용할 수 있습니다. 불편한 감정을 내가 접수하지 않으면 결과적으로 시간과 에너지를 더 벌 수 있고, 더 나아가서 어떤 상황에서도 행복해질 수 있다는 것을 매 순간 깨닫게 되었습니다.

지나고 보니 20대 여성으로서 사회생활을 해보았기 때문에 상대의 부당한 태도에 대처하는 법을 알게 되었고, 직원 90명 이상 회사의 대표로, 두 아들의 엄마로, 작가로, 여러 정체성으로 살면서 시간이 너무나 부족했기 때문에 불편하고 짜증날 수 있는 상황을 나의 것으로 만들지 않고 지나가는 법을 알게 되었습니다. 어릴 때의 저를 가장 힘들게 했던 상황들이 이제는 저를 변화시켜 준 소중하고 감사한 경험이 되었습니다.

'프로 불편러'라는 말이 있습니다. 어디를 가든 자신이 생각한 기준에 맞지 않으면 이의를 제기하거나 그 문제점을 당장 고치려고 하는 사람들을 일컫는 말입니다. 자주 불편한 사람들은 어딜 가도 기분이 쉽게 나빠지고, 규칙이 부당하다며 항의하기도 합니다. 식당에서 음식이 마음에 들지 않으니 다시 만들어 달라고 하거나, 사진과 다르다고 따지거나, 대기를 하다가 큰 좌석이 먼저 비어서 더 사람 수가 많은 일행이 먼저 들어가면 자기가 먼저 왔는데 불공평하다며 항의하는 사람들. 하루에 한 번 정도는 어디에서든 볼 수 있는 사람들입니다.

저는 이렇게 자주 불편한 사람이 자기 일을 잘 해내지 못하는 것을 자주 봤습니다. 겉으로는 까다롭고 완벽한 척하지만, 사실은 자기 기준 외에 그 어떤 것도 용납하지 못하는 편협함을 가지기 쉽기 때문입니다. 내가 옳고 상대는 잘못됐다는 생각 외에 다른 생각을 하지 못하는 방식으로 자기 생각을 계속 제한하다 보니 입체적인 사고를 하는 능력이 갈수록 떨어지고, 사고력과 성장의 저하는 결국 성과의 저하로 이어지는 것입니다.

이들은 무슨 일을 시작할 때도 안 좋은 점을 먼저 찾아내서 꼬투리를 잡으며, 부정적인 생각이 머리에 꽉 차 있습니다. 불편한 습관이 몸에 밴 것입니다. 타고난 성향이 부정적일 수도, 긍정적일 수도 있지만 저는 생각은 훈련으로 모두 바뀔 수 있다고 생각하는 편입니다. 불편하지 않기 위한 훈련을 오랫동안 했습니다. 어쩌면 불편함을 느끼지 않게 되는 것은 관심을 끄는 훈련이기도 합니다.

    타인, 외적인 상황, 갑자기 일어난 현상에 대해 불편함을 매번 느끼고 불평하며 고치려 한다면 나의 소중한 시간과 에너지를 결국 외부에 사용하게 됩니다. 크나큰 손해입니다. 그 대신 불편함을 잠시 인내하고 지나친다면, 그 순간 타인과 상황에 대한 이해가 시작됩니다. 이해가 시작되면 새로운 생각을 하게 됩니다. 새로운 생각을 하다 보면 '그럴 수 있었겠다'라는 여유가 생기고, 그 여유는 온전히 나만의 것입니다. 불편함을 느껴서 내 기분이 나빠지는 것을 용인하지 않고, 오히려 불편함을 통해서 배우고 이해하는 것을 터득한다면 결국 세상에 불편한 일이 점점 없어집니다.

    타인을 잘 이해하는 소위 '착한 사람'이 일을 못 할 거라는 편견이 있는데, 제가 일을 하며 겪어본 사람들은 그렇지 않았습니다. 제가 만난 많은 사람 중 자신의 인생을 잘 꾸려나가고, 자기 일에서 큰 성과를 거두며, 그 안에서 행복을 느끼는 사람들은 중요한 것(자신의 책임과 의무) 외에는 다 '그럴 수 있지, 괜찮아' 하는 사람들이었습니다.

오랜 시간이 걸리는 훈련입니다. 하루이틀 해보고 '아, 난 성격이 긍정적이지 못 해서 안 되겠다' 하지 마시고 5년, 10년, 평생에 걸쳐서 불편하지 않기, 신경 끄기 기술을 계발해 나가시기를 강력히 추천해 드려요. 타인을 위해서가 아니라 나 자신을 위해서요.

행복은 욕심 분의 노력

아버지의 조언

　로스쿨 첫 학기에 꼴찌에 가까운 성적을 받은 주말, 서울 집에 올라가서 아버지를 만났습니다. 언제 어디서나 나름 상위권이었던 딸이 바닥을 찍었으니, 아버지의 마음이 어떨지 걱정이 되었습니다. '실망한 얼굴을 하고 계시면 어떡하지. 로스쿨 가라고 제안한 사람이 아버지니까 왜 나한테 로스쿨 가라고 했냐며 선수 치며 들어가자.' 복잡한 마음으로 집에 도착했는데 아버지는 저를 보자마자 제가 손에 들고 간 2천 쪽짜리 민법 책을 보고 크게 웃으셨습니다.
　"그 무거운 걸 왜 가지고 왔어. 들고 다니면 마음이 좀 나아?"

크게 웃는 아버지의 얼굴을 보며 안도했습니다. 그 얼굴을 보자마자 어린아이가 되어 "아빠, 나 행복하지 않다고, 미칠 것 같다고, 너무 짜증난다고. 이제 어떻게 해야 하냐고!" 어린애처럼 떼를 썼습니다. 그때 아버지께서 제 손을 잡고 말씀하셨습니다.

"유나야, 아빠가 살아보니까 행복은 욕심 분의 노력이야. 분모가 작아지고 분자가 커질수록 행복에 가까워져. 네 욕심은 100점인데 노력이 10점이니 당연히 행복하지가 않지. 욕심을 10점으로 줄이고 노력을 100점만큼 해봐. 그러면 결과와 상관없이 행복해질 수 있어. 변호사 시험 떨어져도 괜찮고, 로스쿨 그만둬도 괜찮아. 근데 지금 그만두면 실패한 기억으로 남잖아. 극복하려고 노력은 한번 해보고 그만둘지 고민해야지."

한 마디도 반박할 수 없는 말이었습니다. '어디서나 적당히 상위권에 있었으니, 이번에도 중상위권은 되겠지'라는 근거 없는 욕심만 있었지, 실제로 남들만큼 공부하지 않았던 것입니다. 공부도 제대로 안 한 주제에 상위권을 노렸으니, 그 간극에 불행이 들어온 것이죠. 그 불행은 제 손으로 만들어 낸 것이었습니다.

'욕심은 줄이고, 노력은 늘리자. 쉽지 않지만 그렇게 해보자.' 그렇게 3년 동안 욕심은 완전히 내려놓고, 꼴찌만 아니면 된다는 마음으로 열심히 공부했고, 결국 상위권으로 졸업할 수 있었습니다. 아버지 말대로 분모를 줄이고 분자를 키웠더니 행복이 따라왔습니다.

아버지는 지금 제 곁에 안 계시지만, 아버지의 묵직한 조언은 저를 크게 바꿔 놓았습니다. 제가 행복하지 않다고 느끼는 순간마다 아버지의 말을 떠올렸습니다. 분자에 비해 분모가 과도하게 크지는 않은지 항상 점검하며 살게 되었습니다. 내 것이 아닌 것을 욕심내지 않고, 내 노력의 결과가 아닌 것은 경계하고, 내 노력의 결과이더라도 한 번의 행복으로 끝나버리게 두지 않으려면 계속해서 분모는 줄이고, 분자는 키워야 한다는 것을 점점 느끼게 되었습니다.

타인과 비교하는 삶이 가장 불행한 삶이라는 말을 우리는 많이 들었습니다. 다른 사람의 인생이 부럽고, 저렇게 살고 싶다는 마음을 가졌다면, 그가 그것을 얻기 위해 했던 노력과 고생까지 가져와야 합니다. 결과만을 보며 부러워하는 것은 분모는 100, 분자는 1인 상태와 같습니다. 행복은 100분의 1이 됩니다.

다른 사람의 삶에서 벤치마킹하고 싶은 부분이 있고, 욕심이 나는 것은 그럴 수 있습니다. 그렇다면 내 노력을 200으로 늘려서 행복을 만들어 내야 합니다. 행복이란 참 간단한 수학 공식입니다. 욕심을 덜 내거나, 욕심을 낼 거면, 그 이상 노력을 하면 되는 일입니다.

40년 이상 살아오면서, 자기 일에서 큰 성취를 한 사람들을 만나고 대화해 보면 숙연한 마음이 자주 듭니다. 제가 짐작한 것보다 훨씬 더 큰 노력을 하고, 여러 차례의 실패를 겪고도 그것을 보완하며 견뎌냈기 때문입니다. '저 사람은 운이 많이 따라줬겠다', '저 사람은 한 번에 잘됐네? 천운이네!' 하는 생각이 부끄러워지는 순간이 많았습니다.

혹시 지금 불행하다고 느끼시나요? 그렇다면 지금 내 분수는 분모가 큰지, 분자가 큰지 꼭 한번 들여다보세요. 행복해지는 것. 지금부터 시작입니다. 줄이거나, 키우거나 둘 중 하나를 하면 되니까.

이상한 사람이 기회입니다

사람 때문에 받는 스트레스

　사람이 가장 스트레스를 받는 것은 입장과 상황이 아니라 결국 사람 때문이라는 것은 모두가 잘 아는 사실일 것입니다. 일을 하다가 이상한 사람을 꼭 만납니다. 내 상식에 반하는 말을 계속하는 사람, 내가 하는 말마다 반대하는 사람, 내가 하는 일이 계속 못마땅하다는 듯 고개를 갸우뚱거리는 사람. 이 사람의 존재는 가장 큰 스트레스인 것은 말할 것도 없고, 목표를 포기하게 하는 원인이자 퇴사의 주된 이유가 되기도 합니다.

　스트레스받게 하는 사람을 매일 보면, 저 인간만 안 봐도 살 것 같다는 생각이 절로 듭니다. 그러다 정신을 차리고 보면 내가 하던 일, 내가 가던 길에서 스스로 물러서 있는 경험도 해보셨을 것입니다. 그리고 나면 억울해집니다. '그 사람만 아니면 더 좋은 성과를 낼 수 있었을 텐데, 내가 더 앞으로 갈 수 있었을 텐데, 이렇게 그만둬 버린 것은 다 그 사람 때문이야' 하고요.

스트레스 때문에 내 몸을 망치고, 수명이 단축될 정도면 그 사람을 안 보는 게 맞고 그 환경에서 벗어나는 것이 상책입니다. 그런데 그 정도의 상황이 아님에도 내가 스트레스를 잘 관리하지 못해서, 또는 상대의 말을 곧이곧대로 듣는 대신 내 피해의식과 미래에 대한 불안감이 작용하면서 그 말을 확대해석하게 되면서, 결국 상대가 그저 '트리거'가 돼서 꿈을 접어버리는 경우도 굉장히 많습니다. 크게 안타까운 상황입니다. 다시 반복하면 안 될 상황입니다. 이상한 사람은 어디에나 있기 때문입니다. 이상한 사람을 만날 때마다 도망칠 수도, 우리의 꿈을 접을 수도 없습니다.

1년 차, 20대 변호사인 저에게 50대 대표님의 업무 지시가 즐거울 수만은 없었고 혼자서 70건의 사건을 처리하는 일이, 이혼팀 수익에 대해 물어보시는 질문이 모두 버거웠습니다. 겉으로는 아닌 척 "잘할 수 있습니다. 대표님, 일 시켜 주셔서 감사합니다!" 했지만 뒤에서는 '아, 정말 너무 하시는 거 아닌가. 1년 차에게 이런 일까지 주셔도 되는 건가' 하는 생각을 하는 나날이 이어졌습니다.

그때 대표님이 저에게 "최 변. 최 변이 지금 하는 생각들을 절대 평생 잊지 못할 거야. 이렇게 강력한 경험은 다시 찾아오지 않아. 그러니까 일기처럼 글을 써보는 게 어때. 그러면 스트레스 해소도 되고, 나중에 돌아봤을 때 소중한 기록이 될 거야"라는 말을 했습니다. 당시에는 '이렇게 바쁜데 글 쓸 시간이 어디 있다고 저런 얘길 하시지. 정말 이상한 말씀을 하신다'라고 생각했지만, 이 말은 저를 계속 따라다녔습니다.

결국 수년이 흘러 그 기억을 결국 글로 써 내려가게 되었습니다. 그리고 그때 그렇게 많은 사건을 경험했던 것이 저를 크게 성장시켜 주었습니다. 전문 분야를 정할 때도 전혀 망설이지 않을 수 있었습니다.

다름을 새로운 기회로

배우자와 저는 MBTI가 넷 다 다릅니다. 서로가 서로에게 가장 '이상한 사람'임이 분명합니다. 처음엔 이상해서 끌렸고, 살면서는 이상해서 힘들기도 했습니다. 그런데 그 이상함을 이해하려고 노력하기 시작하며 저의 뇌가 많이 바뀌었습니다. 우리가 종종 이야기하는 T와 F의 차이를 극복해 나가면서 나에게는 배려의 행동들이 상대에겐 그렇지 않게 받아들여지기도 하고, 상대의 배려가 저에게는 무심함으로 다가올 수 있음을 알게 되었습니다.

덕분에 사회에서 나와 다른 사람을 만날 때 '오해'하기보다는 '선해'하는 습관이 생겼습니다. '저 사람 왜 저래?'가 아닌 '저 사람 생각을 내가 완전히 이해할 수는 없을 거야. 그런데 나쁜 의도는 아니겠지' 하며 잘 넘길 수 있게 되었습니다.

드라마 대본이 편성된 다음, 많은 분과 같이 일했습니다. 자주 열두 시간씩 회의를 했습니다. 앉은 자리에서 세 끼를 다 먹으며 밖이 어둑해지는 날들을 보냈습니다. 효율적으로 빨리 일하는 걸 좋아하는 제게는 너무 '이상한' 광경이었습니다.

그뿐이 아니었습니다. 내가 재밌다고 생각한 대사가 누군가에게는 말도 안 되는 대사고, 다른 사람이 낸 아이디어는 저에게 흥미롭지 않았습니다. '달라도 달라도 이렇게까지 다른 게 사람이구나' 하며 내가 가진 상식과 보편을 수십, 수백 번 뛰어넘었습니다. 그리고 대중을 상대하는 글은 '효율'만 가지고 할 수 있는 일이 아니라는 것을 깊이 깨닫게 되었습니다. 내 눈에 이상하게 느꼈던 아이디어가 좋은 반응을 얻는 경험도 직접 하게 되었습니다.

그러나 제가 언급한 '이상한 사람(나와 많이 다른 사람)'을 만나지 않았더라면, 무조건 피하기만 했다면, '이상하다'라는 생각이 내 변화와 발전의 시작점이고, 이상함의 벽에 부딪히면 새로운 길이 열린다는 것을 알지 못했을 것입니다.

이케가야 유지의 『삶이 흔들릴 때 뇌과학을 읽습니다』라는 책에서는 나이 들면 뇌가 쇠퇴한다는 말은 사실이 아니고, 오히려 나이가 들어감에 따라 뇌세포가 증식하고 발달한다고 합니다. 포유류의 신경세포 증식에 대한 연구 결과, 자극물이 많은 환경에서 생활한 쥐의 해마 세포증식 속도는 그렇지 않은 쥐보다 2배쯤 빨랐다고 합니다. 그리고 도파민 뉴런은 확률이 50%일 때 가장 활동적이기 때문에 이쪽도 저쪽도 아닌 상태일 때 가장 큰 쾌락을 느낀다고 합니다. 그러니 '고민과 자극이 사라지면 좋은 게 아닌가?' 하는 생각은 잘못되었고 불안이라는 것은 오히려 인간이 생명을 유지하기 위한 필수 요소라고 합니다.

그러니 어쩌면 우리는 '이상한 사람'이나 '이상한 생각'에 의해 발전하고 생존하는 것 아닐까요? 왜 이상한지, 내가 이상한 것은 아닌지, 이상한 것을 이상하지 않게 하려면 어떻게 해야 할지. 그 이상함에서 도망치지 말고, 자꾸만 파고들다 보면 이상함이 여러분을 새로운 세계로 데려다 줄 것이라 믿습니다.

너무 잘하려고 하지 맙시다

그냥 열심히 해보기

회사에 밴드가 있습니다. 노래를 좋아하는 사람들이 모여 점심시간 동안 같이 햄버거나 김밥 같은 간단한 음식을 시켜 먹고 노래를 합니다. 한 시간 내내 다들 표정이 밝습니다. 좋아서 하는 일이라 누가 시키지 않아도 악착같이 한 시간을 만나서 신나게 놀고 헤어집니다. 회사 직원 중 결혼하는 사람이 있으면 우리 밴드(뽀삐 밴드)에 축가를 신청하곤 합니다.

지금까지 3~4회 정도 축가를 불렀습니다. 대단한 능력의 소유자는 없습니다. 좋아하는 마음으로 즐겁게 함께 즐갑니다. 어느 날, 이 사실을 아는 제 친구가 자신의 결혼식 축가를 부탁했습니다. 덜컥 걱정이 들었습니다. 회사 직원의 결혼식이야 밴드에서 얼마든지 함께할 수 있지만, 회사 대표의 절친 결혼식에 주말에 같이 가서 노래 부르자고 하는 것은 상식에 어긋나는 일이었으니까요.

"뽀삐 밴드 여러분, 제 베스트프렌드가 이번 주말에 결혼해요. 같이 가서 노래할까요?"라고 했다가는 노동청에 신고당해도 할 말이 없습니다. 그냥 정중히 거절해야겠다는 생각으로 친구에게 물었습니다.

저 나 노래 잘 못하는 거 너 알지? 밴드로는 못 가는데, 나 혼자 불러도 되겠어?
친구 그냥 네가 노래해 주는 게 좋은 거지, 왜 잘하려고 해? 잘해서 뭐 해?

"잘해서 뭐 해?"라는 말이 저의 뇌세포를 탁 건드렸습니다. '그러게. 왜 잘하려고 하지. 축가는 꼭 지인 중에 가수거나, 가수 데뷔를 준비했거나 TV 오디션 프로그램 1차 정도 합격한 사람이 부르던데. 그냥 제일 친한 친구가 불러 주는 게 더 좋은 거 아닌가. 입장권 끊고 들어온 사람들도 아닌데

노래 좀 못한다고 기분 잡칠 일도 아니잖아.'

그래도 최선을 다하고 싶어 보컬 학원에 등록했습니다. 몇 번 반복적으로 레슨을 받고 나니 '그래, 이 정도면 망신당할 정도는 아니야. 친한 친구가 진심으로 불러 주는구나, 할 정도니 됐다' 하는 자신감이 생겼습니다. 그렇게 결혼식을 일주일 앞둔 상황에서 갑자기 국가적 참사가 발생했습니다. 너무나 슬픈 일에 전 국민이 고통에 빠졌습니다.

마지막 레슨을 가는 길에 참사 희생자 중 지인이 있다는 사실을 알게 되었습니다. 그 자리에 앉아 목 놓아 우느라 레슨에 가지 못했습니다. 장례식장을 다녀와서도 슬픔에서 헤어 나오지 못했는데, 친구 결혼식은 하루 앞으로 다가왔습니다. 경사를 앞둔 친구에게 나 지금 너무 슬퍼서 노래 부르기가 어렵다고 말할 순 없었습니다.

정신을 차리고 보니 5회 레슨을 받은 노래의 가사에 참사를 조금이라도 떠올리게 하는 단어가 몇 가지 들어있었습니다. 선정한 노래가 지금 상황에 부적절하다는 생각이 들었습니다. 노래도 못하는 주제에, 바쁜 시간 쪼개서 레슨까지 받았던 노래는 부르지 못하게 되고, 지인을 잃은 슬픔에 울며 잠들다 보니 상황이 참 막막했습니다.

결국 결혼식 하루 전날 노래를 바꾸어 열 번 정도 연습

했습니다. 더 부르면 다음 날 목이 쉴까 봐 딱 열 번만 연습하고 무대에 올라가게 되었습니다. 당연히 잘 부르지 못했습니다. 하객들도 '진짜 친한가보다(저 정도 실력으로 무대에 서 있는 거 보면)' 하는 얼굴로 저를 안타깝게 쳐다보며 따뜻한 응원의 박수를 보내주었습니다. 그런데 놀랍게도 그날의 경험이 저를 많이 바꾸어놓았습니다.

'준비한 대로 되지 않더라도 어떻게든 내 역할을 해내면 되는 거지. 본업도 아닌데 그냥 열심히 하면 되는 거 아닌가' 하는 생각과 함께 큰 산을 한번 넘은 듯 삶을 바라보는 시각이 좀 더 편안하고 여유로워졌달까요. 1년 뒤 또 다른 절친이 결혼했고, 지난번 경험을 양분 삼아 또 한 번 단독 축가 무대를 하게 되었습니다. 친한 친구의 결혼식에서 축가를 불렀다는 두 번의 경험이 다른 일을 해낼 때도 자신감을 형성하는 근거로 자리 잡았습니다.

일단 하고, 계속하기

"저 축가 부른 적 있어요" 하면 100명이면 100명이 다 "와, 변호사님 노래 정말 잘하나 봐요"라고 합니다. "저 드라마 쓰고 있어요" 하면 "글을 원래 잘 쓰시나 봐요"라고 합니다. "제가 맛있는 거 해드리고 싶어요. 집에 초대할게요" 하면 대부분 "요리를 잘하시나 봐요"라고 합니다. "직원이 90명인 회사 대표에요" 하면 "사업가 기질이 있으셨나 봐요"라는 반응이 돌아옵니다.

그런데 저는 노래를 잘하지도, 글을 잘 쓰지도, 요리를 잘하지도 않고, 타고난 사업가 기질은 약에 쓰려도 없는 수준이었습니다. 그냥 일단 하고, 보완하고, 계속하는 것뿐입니다. 왜 이렇게 우리나라 사람은 뭘 잘해야만 한다고 생각할까요. 잘하는 사람만이 도전해야 하고, 남보다 특별한 사람만이 성공할 것이라는 생각, 뭔가 잘해보고 싶다면 이 생각부터 버리는 것이 그 출발입니다.

저같이 평범한 노래 실력을 가진 사람도 축가를 부를 수 있고, 저처럼 사업가 기질 없이 기질적으로 이상주의자에 가까운 사람이 회사를 운영할 수도 있고, 저처럼 '원래' 글 잘 쓰는 사람이 아니어도, 학창 시절에 글짓기로 상을 좀 받아본 사람이 아니라도 작가가 될 수 있습니다.

처음부터 너무 잘하려고 하지 마세요. 열심히만 하면 괜찮아요. 할 수 있어요, 뭐든.

당신도 해낼 수 있습니다

나라고 왜 안돼?

아마 초등학생 때였던 것 같습니다. 어느 날 잠에서 막 깼는데 엄마가 보시던 TV 프로그램(아마도 「아침마당」)에서 한 여성이 "He can do, She can do, Why not me!"라고 외치고 있었습니다. 실리콘 밸리 기업인인 김태연(1946년생) 회장님의 목소리였습니다. 저에겐 영어가 익숙하게 들리지 않았고, 90년대에는 성공한 여성이 TV에 나와 자신의 철학을 외치는 일이 극히 드물었기 때문에 뇌리에 깊이 박힌 장면입니다. 엄마는 연신 손뼉을 치셨습니다.

엄마   유나 너도 꼭 저렇게 살아!

나   아니, 저게 도대체 무슨 말인데?

엄마   개나 소나 다 하는데 왜 너는 못하냐, 뭐 그런 말이야! 그러니까 누구나 노력하면 된다는 거야! 엄마보다 더 나이도 많고, 여자가 성공하기 힘든 세상에 태어난 사람인데 얼마나 대단한 건지 넌 모르지? 그러니까 넌 더 쉽게 해낼 수 있어!

"실패를 두려워하지 말아야 한다. 넓은 세상을 봐야 한다. 그도 하고, 그녀도 하는데, 나는 왜 못하나?" 그날부터 그 말은 제 삶을 내내 관통했습니다. TV에 나오는 성공한 기업의 회장님은 다 남성이었기에 적지 않은 충격을 받았던 것 같습니다. 그리고 박수를 치는 엄마를 보며 어쩌면 엄마도 저렇게 살고 싶었던 것일까, 내가 삶을 주도적으로 사는 사람이 되면 엄마가 많이 기뻐하시겠다는 생각이 머릿속을 스쳐 지나갔습니다. '언젠가 나도 저렇게 멋지게 성장해서, 인생철학을 누구한테 건넬 수 있는 사람이 되고 싶다.' 가슴에 불덩이 같은 것이 끓는 느낌이 들었습니다.

어쩌면 제가 영어를 전공한 것도, 더 넓은 세상을 보겠다고 해외 연수를 간 것도, 변호사가 되어 20대에 누구보다 일찍 개업한 것도, 고통과 실패는 당연하다고 여기며 힘들어도 매 순간 즐기려고 노력한 것도. 자다 깨서 본 TV의 한 장면 때문인지도 모르겠습니다.

저는 김태연 회장님처럼 세계적 기업의 회장이 되지 못했고, 고통을 이겨내고 외국어를 완벽히 구사하게 되지도 못했고, 어마어마한 자산가가 되지도 못했지만 제가 원하는 대로 삶을 설계하고, 젊음의 시간을 허투루 쓰지 않고 노력해 왔습니다. 그로 인해 원하는 모습에 점점 가까워졌고, 열등감이나 무기력을 많이 극복하고 더 행복해졌다는 점에서는 나름의 성공을 이루어가고 있다고 감히 말할 수 있을 것 같습니다.

아직도 성취는 '원래' 대단한 사람만 이루는 것으로 생각하는 분이라면, 무언가 시작하려는데 자신감이 부족하고 자꾸 힘이 빠진다면 무에서 유를 창조해 낸 기업인들의 자서전을 꼭 읽어보라고 말하고 싶습니다. 그들의 삶이 남들과 다른 점은 딱 하나밖에 없습니다.

바로 나라고 왜 안돼Why not me? 정신입니다. 저도 수십 년째 매일 저 자신에게 일깨워 주고 있습니다.

부러울 것은 하나도 없습니다

부러움의 두 얼굴

부럽다는 말을 습관처럼 자주 하는 사람이 있습니다. 부러움은 두 가지 얼굴을 가지고 있습니다. 하나는 '내가 살고 싶은 모습으로 살고 있다'라는 의미입니다. 이런 의미에서 누군가를 부러워하면 워너비를 덕질할 수도 있고, 대리만족을 느낄 수도 있고, 그들의 방법과 노하우를 습득하여 결국 내가 그런 모습으로 살게 될 수도 있으니까, 발전적입니다.

부러움의 또 다른 얼굴은 '질투'입니다. 질투는 누구에게나 있지만 단순한 부러움을 넘어서 미움을 동반한 질투는 자신을 망가트릴 수 있습니다. 부러움의 앞모습은 밝고 발전적인데 반해 부러움의 뒷모습은 어둡고 독성이 강하기 때문에 우리는 항상 이 뒷모습을 주의해야 합니다.

14년 이상 사람을 만나는 일을 하며 1만 명이 넘는 사람과 깊은 대화를 나눴습니다. 이 경험은 저에게 정말로 많은 인사이트를 주었습니다. 수백억 자산가가 집에서는 배우자를 무자비하게 폭행하는 경우, 누구나 부러워할 만한 외모와 성격을 가진 사람이 배우자 외에 만나는 연인이 네다섯 명인 경우, 누구나 알만한 기업인, 유명인이지만 정신적 아픔이 너무 커서 인생이 지옥인 경우…. 다양한 사람을 접하면서 타인을 부러워한다는 것이 얼마나 부질없는지 생각해 보게 되었습니다. 그래서 긍정적이든 부정적이든 누군가를 보고 부럽다는 생각을 안 하게 되었고, 대신 타인의 삶의 무게에 대해 생각하게 되었습니다.

우리가 '부럽다'라고 하는 사람의 삶은 생각보다 그리 윤택하지 못할지도 모릅니다. 돈이 많으면 그 돈을 벌거나 지키기 위해 시간을 계속 써야 하고, 외모가 뛰어나면 자연스러운 노화현상에 누구보다 고통받을 수 있고, 큰 회사를 운영하는 것처럼 보여도 세상에 안정적인 회사란 존재하지 않기 때문에 날마다 불안과 강박에 시달릴 수 있습니다. 행복해 보이는 가정도 한쪽 배우자가 많은 것을 참고 견디며 그

가정을 소위 멱살 잡고 끌고 가는 경우도 참 많습니다.

작가가 되기 전에는 드라마 업계에서 일하는 분들을 '부러워' 했습니다. 변호사 일은 내가 혼자 모든 것을 주도해야 하는데, 드라마는 여러 사람이 협업하니 훨씬 분위기가 좋고, 아이디어도 넘치고, 즐겁고 재미있겠다고 짐작했습니다. 그런데 막상 그 부러웠던 업계에 발을 들여놓자, 하나의 드라마를 만들기 위해 얼마나 많은 사람의 삶을 갈아 넣고 있는지가 보였습니다. 거의 매일 밤을 새우고 머리도 제대로 감지 못하고 제 작업실로 오는 PD님들을 보면서 부러워했던 감정에 미안함이 들기까지 했습니다.

드라마의 모든 장면을 재미있게 만들기 위해, 한 번 회의를 시작하면 주말 열 시간이 그냥 사라졌습니다. 토요일, 일요일 이틀 연속 열두 시간씩 회의를 한 적도 많습니다. 변호사 일을 10년 이상 하면서 정말 고된 정신노동이라는 생각을 많이 했는데, 드라마 업계를 잠깐이나마 경험하며 그런 생각을 하지 않기로 했습니다.

배우는 돈을 쉽게 번다고 말하는 사람들이 있습니다. 하지만 제가 겪은 드라마 현장에서 쉽게 돈을 버는 사람은 단 한 명도 없었습니다. 변호사가 되려고 법서를 외우는 것도 참 고통스러웠는데, 외운 것을 글로 쓰는 것과 말로 하는 것은 전혀 달랐습니다. 자신의 언어로 말할 만큼 대사를 외우기 위해서는 날마다 수험생처럼 대본을 달달 외우며(쓰면서 이걸 어떻게 외우나 미안해 진 적이 참 많았습니다) 일상의 다른 즐거움은 전부 포기해야 했습니다. 매 장면이 연결되기에, 외모가 조금이라도 바뀌면 안 되기 때문에 먹고 싶은 것, 놀고 싶은 것도 전부 참아야 하는 직업이었습니다. 세상에 부러워할 것은 하나 없고 각자가 가진 삶의 무게가 다르다는 것을 더 깨닫게 되었습니다.

지금 혹시 누군가가 부럽다면 그의 하루를 살펴보세요. 내가 해낼 수 있다고 여길 정도의 난이도면 당장 시작해야 하고, 내 가능 범위를 넘어섰다고 생각하면 부러움을 멈추고 자기 삶에 집중해야 합니다. 내 삶도 누군가에게는 엄청나게, 눈물나게 부러운 것일 수 있습니다. 부러움의 뒷모습에 주의하십시오. 가진 행복을 갉아 먹는 녀석이니까.

후회는 만들지 않습니다

후회하지 않기 훈련

불편하지 않기 연습을 통해 웬만한 건 '뭐 그럴 수 있겠다' 하며 넘어가는 것이 인생의 시간을 많이 줄여줄 수 있다는 제 생각을 앞에서 말씀드렸습니다. '불편' 외에 또 한 가지 하지 않을수록 마일리지 아워를 실현할 수 있는 또 하나의 감정이 있는데요, 바로 '후회'입니다. 무언가를 선택하고, 실행하고, 결과를 얻는 일련의 과정에서 후회라는 감정을 느끼는 순간 우리는 또 다른 선택에 대한 두려움을 가지게 됩니다.

지난 일을 더 나은 삶을 위한 과정이 아니라 부끄럽고 괴롭고, 돌리고 싶은 과거로 기억한다면 그 부정적인 기억은 뇌에 깊이 남아 우리가 또 다른 일을 시작할 때 방해꾼으로 돌변합니다. 저는 일상에서 후회하지 않기 위해 최선을 다하고 있습니다. 노력할수록 생각이, 성격이 변화하는 것을 체감했기 때문에 훈련으로 충분히 '후회하지 않는 성격'을 가질 수 있다고 확신합니다.

코로나 때 외부 활동이 어려워지니 취미, 특기, 직업적 노하우 등을 강화하기 위한 온라인 강의를 듣는 사람들의 수가 많아졌습니다. 저에게는 '이별하지 않고 잘사는 법'이라는 주제로 강의 제안이 많이 들어왔습니다. 하루에 한 시간도 여유가 없을 정도로 바빴기에 강의 제안에 부담을 느끼기도 했지만, 많은 분에게 도움이 될 것이라는 담당자님의 설득에 마음이 열려 '결혼 학교'라는 강의를 론칭했습니다. 매우 많은 분량의 대본을 쓰고, 촬영일에 옷을 바꿔 입어가며 여러 개의 강의를 한 번에 녹화했기에 시간이 많이 드는 일이었습니다. 또, 제가 부담하는 촬영 비용도 적지 않게 들어갔습니다. 몇 개월을 준비해서 야심 차게 론칭했는데 예상의 10분의 1에도 못 미치는 조회수가 나왔습니다. 당연히 투자한 시간과 비용은 고스란히 손실이 되었습니다. '내 경험을 가득 담아 만든 강의를 이렇게 듣지 않는다니!' 하는 생각이 처음엔 머릿속을 지배하다가 나중에는 '괜히 했어. 하지 말걸' 하는 후회가 밀려왔습니다.

시간이 흘렀습니다. '결혼 학교' 강의을 처음부터 끝까지 결제하고 본 사람은 많지 않았지만, 강의 포스터를 본 분들로부터 오프라인 강연 제안을 많이 받았습니다. 일정상 전부는 어려웠지만 두세 달에 한 번 정도, 여행한다는 마음으로 지방 강연 위주의 일정을 잡았습니다. 지방 강연은 장점이 참 많았습니다. 매일 엄마를 찾는 아이들에게서 잠깐 벗어나 하루를 보내고 오면 큰 힐링이 되었고, 아이들의 소중함도 더 크게 느끼게 되었습니다. 전혀 다른 일을 하고 오니 다음 날 변호사 일을 할 때 업무 효율도 높아졌고, 무엇보다도 내가 지금 하고 있는 일에 직접 피드백을 해주는 사람들을 만나면서 일에 대한 확신이 커졌고, 자존감이 더 올라갈 수 있었습니다.

코로나 시기 온라인 강의에 투자했던 시간과 비용이 적게 느껴졌습니다. '그 당시의 작은 후회가 얼마나 우스운 것이었나. 내가 강연을 시도하지 않았더라면 이런 즐거움을 느낄 기회가 전혀 없었겠지. 강연이 들어왔더라도 그때 대본을 쓰고, 촬영을 한 경험이 없었다면 더 많은 시행착오를 겪었겠지' 하는 마음이 들었습니다.

드라마를 쓸 때도 마찬가지였습니다. 6년에 걸쳐 대본을 쓰다 보니 모든 자투리 시간을 투자해야 했고, 대본을 써서 얻는 수입은 거의 없었습니다. '괜히 시작했나? 이게 맞나?' 하는 후회를 한 번도 하지 않았다면 거짓말일 것입니다. '신인 중의 신인 작가라 의미 있는 돈을 벌 수도 없는데 이 일은 왜 붙들고 있나' 하는 후회가 아주 가끔 스쳤지만 마음을 다잡고 '네가 정말로 간절히 원해서 하는 거잖아!', '얼마나 좋은 기회야, 감사한 줄 알아야지', '나중에 분명히 투자한 시간 이상의 행복이 찾아올 거야'라고 수없이 스스로에게 말했습니다. 너무 좋아서 시작한 일이었음에도, 생각보다 더 많은 시간과 노동력을 투자해야 할 때마다 후회가 찾아왔습니다. 내가 나의 방해꾼이 되지 않기 위해 나를 계속 설득하고, 이 일이 얼마나 내가 좋아하는 일인지, 필요한 일인지, 자꾸만 되새기는 훈련. 후회하지 않는 훈련을 해야 했습니다.

최근 지자체에서 용어 관련 조례가 개정되고 있다는 뉴스를 보았습니다. 그 중 '경력 단절 여성'이라는 용어를 '경력 보유 여성'으로 바꾼다는 소식에 저도 모르게 박수가 나왔습니다. 경력이 단절되었다는 것은 결국 '경력을 가지고 있었다'라는 말과 같은 말입니다. 그러니 후회한다는 것은 '무언가를 하려고 했다'는 말의 다른 의미겠지요. 그러니까 우리 생각을 좀 바꿔보면 어떨까요? '괜히 했다'가 아니라 '뭐라도 시작했으니 후회도 하는 거겠지. 잘했어!' 하고요.

『직관의 폭발』이라는 책에서는 이해하기 힘든 사람을 이해하고, 새로운 도전을 하고 이겨내는 경험들이 결국 우리 직관을 더 발달시킨다고 하였습니다. 그러니 무언가 했다면 우리의 직관이 성장했을 것이고 그 직관으로 더 나은 선택을 해나갈 것이니 후회하지 마세요.

절대 후회하지 마라. 좋았다면 추억이고 나빴다면 경험이다.

빅토리아 홀트Victoria Holt라는 작가의 명언으로 이 글을 마무리해 볼까 합니다. 오늘도 여러분의 일상에 그 어떤 후회도 없길, 그저 나아가길 바랍니다.

길을 여는 생각만 합니다

인생의 차이를 만드는 생각법

 길을 걷다가 트래픽콘(꼬깔콘 모양으로 생긴, 교통 통제에 사용하는 노상 표지 도구 중 하나)이 보이면 길을 돌아가야 합니다. 식당에 주차 자리가 없는 줄 알고 나가려는데 사장님이 나와 막아 놓았던 자리의 꼬깔콘을 치워주면 그렇게 기쁠 수가 없습니다. 우리 인생의 길을 막는 트래픽콘은 무엇이라고 생각하나요? 애매한 재능, 부족한 돈, 어려운 환경, 만족하지 못하는 외모가 생각나나요? 모든 환경이 다 뒷받침된다고 해서 자신이 원하는 대로만 살 수 있는 것도 아니고, 타고난 요소가 적다고 해서 평생 어렵게만 사는 것은 아닌 것이 인생입니다.

그 차이를 만드는 것은 무엇일까요? 막혀 있는 길을 여는 것도, 막는 것도 어쩌면 우리 자신입니다. 같은 상황과 같은 조건에서도 어떻게 생각하느냐에 따라서 새로운 길이 열리기도 하고 닫히기도 하는 것을 경험해 본 적이 있다면 지금 고개를 끄덕일 것입니다. 같은 상황에서, 길을 막는 생각, 길을 여는 생각은 어떻게 다를까요?

① 연봉이 두 배 뛰었다고 자랑하는 사람을 만났을 때

막는생각 타고난 능력이 뛰어나서 부럽다. 난 왜 이 모양으로 태어난 걸까?

여는생각 올해 어떤 노력을 했길래, 대표에게 어떻게 말했길래 연봉이 한 번에 두 배나 뛰었을까? 자신의 몸값을 높이는 방법은 무엇일까?

② 배우자를 너무 잘 만났다며 자랑하는 사람을 만났을 때

막는생각 왜 난 저런 사람을 만나지 못했을까? 시간을 되돌리고 싶다.

여는생각 배우자의 장점을 저렇게 잘 찾아내는구나. 나도 내 배우자의 장점을 더 찾아봐야지.

③ 강남에 집을 샀다고 자랑하는 사람을 만났을 때

막는 생각 똑같은 인생인데 누구는 벌써 강남에서 사장님, 사모님 소리 듣고, 난 이번 생에 절대 돈은 저만큼 못 벌겠지. 인생 참 불공평하다.

여는 생각 대단하다! 그동안 얼마나 열심히 살았을까? 그래도 내 인생의 목표는 강남 아파트가 아니라 하루하루를 행복하게 사는 것임을 잊지 말자.

④ 운동해서 몸매가 예뻐졌다고 자랑하는 사람을 만났을 때

막는 생각 에이, 원래 근수저네. 난 애초에 피지컬이 딸려서 아무리 해도 저렇게는 안 될걸.

여는 생각 얼마나 큰 변화가 있길래 이렇게 나한테 알려주고 싶어 할까? 정말 고마운 친구야. 나도 오늘부터 운동을 시작해야겠다!

⑤ 직장 상사가 (감정적이지 않게) 업무 지적을 했을 때

막는 생각 또 말로만 저러네. 자기가 해보라지.

여는 생각 그래, 아직은 내가 부족할 수 있어. 다음에 보완해서 더 잘해보자. 언젠가 내가 저 사람한테 인정받고야 말겠어.

⑥ 접촉 사고로 차를 수리해야 할 때

막는생각   바빠죽겠는데 차 긁어서 시간 너무 뺏기네. 내가 그렇지 뭐. 아우, 이런 나 자신이 너무 지겹다.

여는생각   사람이 안 다쳐서 다행이야. 차를 맡겨야 하니 걸어서 회사에 갈 생각도 하게 되네? 날씨도 괜찮고 풍경도 참 예쁘고, 운동도 되니까 좋다.

⑦ 감정 노동이 힘들 때

막는생각   어휴, 지긋지긋하다! 난 언제까지 이런 인간들을 만나며 살아야 할까?

여는생각   분명 지금의 경험이 언젠간 날 성장시켜 주겠지? 이참에 오늘부터 감정노동을 하며 느낀 점을 브런치에 적어볼까?

100가지는 더 쓸 수 있지만 여기서 멈추겠습니다. 원래 긍정적인 사람들만 이렇게 생각할 수 있다고요? 긍정 회로는 가지고 태어나는 것이 아니라 구축하는 것입니다. 오늘부터 내 길을 막고 있던 트래픽콘을 하나씩 치워 주세요.

친절하게 거절할 수 있습니다

무겁지 않게 거절하기

　누군가에게 쓸모 있는 사람이 되고 싶은 마음을 삶의 가장 큰 동력으로 하며 살다 보니, 저에게는 거절이 참 힘들었습니다. 30대에 들어서서까지도 친구나 지인의 웬만한 부탁은 다 들어주려 했습니다. '어려운 일도 아닌데, 뭐' 하고 저를 설득하며, 일상에 방해를 받더라도, 스스로에게 강요했습니다. 주변 사람의 도움 요청을 거절한다면 무엇이 중요한지를 잊어버린 삶이 될 수 있다고 생각했습니다. 바쁘고 힘들어도 "네! 제가 알아볼게요", "네! 제가 하겠습니다!" 하며 예스맨으로 살아가려고 악착같이 노력했습니다.

방송에 몇 번 출연하며 약간의 인지도가 생기고 나니 저에게 도움을 요청하는 지인의 반경이 제가 컨트롤할 수 없을 정도로 확장되었습니다. 친구의 친구, 가족의 가족, 가족의 친구, 가족 친구의 가족… 끝도 없이 나아가서 언제부턴가 아침에 눈을 뜨면 10~20건 정도의 연락이 이미 와있는 경우가 허다했습니다.

"유나야, 나 이것 좀 네 인스타에 올려줘. 회사에서 보너스 나오거든."

"나 이번에 책 냈는데 홍보 좀 해줄래?"

"유나야, 나 유튜브 시작하는데 좀 나와줘."

"내 친구가 너 좋아한다는데 이번 주말에 같이 밥 먹자."

"우리 부장님이 너랑 친구라고 하니까 회사 와서 강연 좀 해달래."

"내 친구 어제 부부싸움 했다는데 통화 한 번 해줄 수 있어?"

"주말에 쉬는데 미안. 평일엔 너 바쁠 거 같아서. 우리 언니가 이혼한다는데 지금 좀 와줄 수 있어?"

이런 개인적인 연락들은 물론이고, 기관에서도 연락이 옵니다.

"변호사님, 여기는 좋은 취지로 학생들에게 강연을 제공하는 기관입니다. 바쁘신 건 알지만, 학생들에게 동기부여 무료 강연을 좀 해주셨으면 합니다."

취지가 좋으니 꼭 와달라는 강연 제안을 수십 번 이상 받았습니다. 벅찼지만 할 수 있는 한 도움을 드리려 했고, 그 도움은 꼬리에 꼬리를 물어서 한 사람의 일을 몇 개월씩 돕게 되는 경우도 발생했고, 결국 제 일상을 갉아먹기 시작했습니다. 심지어는 가능한 최선의 도움을 주고 나서도 고맙다는 인사는커녕 "넌 바쁘니까 이해할게. 뭐 이 정도라도 고마워" 하며 제가 되려 양해를 받고 있다는 느낌이 들게 하는 사람도 있었습니다.

애초에 부탁하는 입장에서는 '이건 별일 아닌 일. 쉽게 도와줄 수 있는 일'이라는 정의를 내리며 오는 연락이 원망스럽고, 한편으로는 그걸 다 도와주지 못하는 제가 미웠습니다. 지나고 보니 그때가 인생에서 처음으로 거절에 대해 생각할 계기였고, 거절하는 법을 익힐 기회였습니다. 이런 기회가 30대에 왔다는 것에 감사했고, '왜 진작 알지 못했나. 좀 더 일찍 거절할 걸' 하는 마음까지 들었습니다.

수년이 흐른 지금은 하루에 열 번은 거절을 합니다. '상대방이 기분 나쁘면 어쩌지?', '인지도 약간 생겼다고 변했다고 오해하면 어쩌지?' 하는 우려도 더 이상 하지 않기로 했습니다. 쉽게 변할 관계라면 어차피 그간 신뢰가 없었던 가벼운 관계이기 때문에, 앞으로 굳이 지인으로 묶여있지 않아도 된다고 받아들이니 마음이 오히려 편해졌습니다.

거절은 다른 사람의 마음을 불쾌하게 만드는 것이 아니라, 나를 존중해 주는 것이며, 다른 사람에게 괜히 기대와 실망을 안겨주는 것이 아니라 내 한계를 미리 알려줌으로써 관계를 지키는 것입니다. 나의 가장 가까운 가족(10명 이내)과 제일 친한 친구들(5명 이내) 외에는 누구도 나에게 '별거 아닌데 부탁 좀 하자' 하면 안 되는 것이었습니다.

프로 거절러의 장점

거절을 하면서 나 자신을 파악하는 능력이 좋아진다는 것을 알게 되었습니다. 협업 요청이나 방송 출연도 90% 이상 거절했는데, 그 과정에서 내가 어떤 가치를 더 중요하게 여기는 사람인지 알게 되었습니다. SNS에서 팔로워가 꽤 많아졌기에 법과 아무 관련이 없는 광고가 들어왔습니다. 광고를 받으면 당장 돈을 벌 순 있겠지만, 그것이 내 본업과 지속 가능하게 연결되지 않는다는 것을 알았습니다.

TV 프로그램에 고정 출연해서(출연료가 많다고 해도) 주에 한두 번 촬영하느라 시간을 뺏기는 것보다는 그 시간에 다른 방법으로 나를 알리는 것이 훨씬 재미있고 나에게 맞는 일이라는 것도 알게 되었습니다. 감사히도 고정 출연 제안을 많이 받았고, 주변에서는 왜 좋은 기회를 놓치냐며 아쉬워했지만 저는 전혀 아쉽지 않았습니다. 제가 누군가에게 더 힘이 될만하게, 내 이름을 걸고 프로그램을 할 수 있을 만큼 성장했을 때 그때 다시 기회가 와주면 좋겠고, 지금은 아닌 것 같다는 생각이 들었습니다.

요즘엔 프로 거절러가 되었는데 친절함을 잃지 않으며 노No를 하는 것을 매일 훈련한 것이 제 인생을 많이 바꾸어줬습니다. 이제는 누가 저에게 부탁을 하면 화가 나거나, 괜히 원망하며 부탁을 들어주는 대신에 "미안해. 내가 요새 너무 일이 많네. 대신 내가 다른 변호사님 소개해 줄게" 하고 대안을 제시하거나, 회사에 무료 강연을 와달라는 요청에 농담처럼 "강연은 내가 하는 게 아니라 들어야 할 상황이야. 요새 인풋이 없어서 아웃풋 나올 게 없네. 미안, 미안" 하고 거절하고, "유나야 지금 통화 괜찮아? 남편 때문에 속상해 죽겠어" 하는 연락에는 "이혼 상담을 원하는 거면 평일에 사무실로 한번 올래? 무료로 해줄게. 주말엔 나도 아이들 봐야 해서"라고 상황을 설명하며 거절합니다.

    물리적으로 거절하지 않는 것이 더 어려울 만큼의 부탁이 쏟아지고, 업무와 육아만 하기에도 시간이 부족하지 않았다면 저는 변하지 못했을 것입니다. 지나고 나면 가장 바빴던 시간은 항상 저를 조금씩 더 성장하게 해주었습니다. 여러분은 저보다 좀 더 빨리(빠르면 빠를수록 좋습니다) 부드럽게 거절하는 방법을 터득하길 바랍니다.

여러분이 지금 인생의 어느 시점에 와 있든, 나이가 몇이든, 상황이 어떻든 상관없습니다. 자기 뇌에 계속 구체적인 그림을 그리세요. AI보다 빠른 속도로 그림을 그릴 수 있는 게 우리 뇌니까요.

오해든 이해든 상관없습니다. 오해든 이해든 나에게 가장 이로운 걸 선택하면 됩니다. 어차피 평생 내 옆에 함께 있어 줄 사람은 나밖에 없으니까, 내가 편하게, 나와 잘 지내면 됩니다.

혼자 있기를 지속적으로 괴로워한다면, 고독이 아닌 외로움을 선택한다면, 자신이 원하는 만큼의 성취를 이룰 수 없습니다.

책임을 맡는다는 것은 지금, 또는 미래에 내가 진정으로 원하는 방향으로 더 잘 갈 수 있도록 성장시키는 동력을 가지게 된다는 의미입니다. 지금의 스트레스는 나의 엔진임을, 이 엔진 없이는 내가 아무 곳으로도 갈 수 없다는 것을 꼭 스스로에게 상기시켜 주셔야 합니다.

다른 사람을 컨트롤할 수는 없으니 내가 데미지를 입지 않으면 정말 모든 것이 괜찮아진다는 것을 알게 되었습니다.

평생에 걸쳐서 불편하지 않기, 신경 끄기 기술을 계발해 나가시기를 강력히 추천해 드려요. 타인을 위해서가 아니라 나 자신을 위해서요.

처음부터 너무 잘하려고 하지 마세요. 열심히만 하면 괜찮아요. 할 수 있어요, 뭐든.

긍정 회로는 가지고 태어나는 것이 아니라 구축하는 것입니다.

지금 혹시 누군가가 부럽다면 그의 하루를 살펴보세요. 내가 해낼 수 있다고 여길 정도의 난이도면 당장 시작해야 하고, 내 가능 범위를 넘어섰다고 생각하면 부러움을 멈추고 자기 삶에 집중해야 합니다. 내 삶도 누군가에게는 엄청나게, 눈물나게 부러운 것일 수 있습니다.

Chapter 5

지금 당장
시작합니다

마일리지 아워
실전 리마인드

Mileage
Hour

한 번에 잘되는 사람은 없고,
노력하지 않고
운으로 잘되는 사람은 더 없습니다.

주변인이 나의 거울입니다

내 주변 사람 다섯 명의 평균

자기계발 강연자이자 작가인 짐 론Jim Rohn은 "내 주변에 있는 5명의 평균이 바로 내 모습이다"라고 말했습니다. 이 외에도 『성공하는 사람들의 7가지 습관』, 『타인의 영향력』 등 잘 알려진 자기계발서에서도 주변인은 자신의 거울이고, 서로 엄청난 영향력을 끼치기 때문에 긍정적이고, 발전적인 성향의 사람들을 옆에 두어야 한다고 강조합니다. 자라며 부모님으로부터 항상 '친구 잘 사귀어야 한다'라는 말을 들어 보았을 것입니다.

저는 이런 말을 '절대로' 믿지 않는 사람이었습니다. 어린 시절부터 다른 사람들의 고민을 상담해 주는 것을 즐겼던 저는 긍정적이고 진취적이고, 밝은 사람들보다는, 저를 필요로 하는 사람, 고민이 많은 사람, 우울감이나 부정적 감정을 가지고 있는 사람들에게 더 끌렸던 것 같기도 합니다. 누군가 나를 필요로 한다는 사실에 큰 성취감을 느꼈기 때문입니다.

누군가의 고민을 상담해 주는 것을 즐기고, 그 성향이 직업으로 연결되기도 했습니다. 그러나 20대에 개업하고, 자녀를 둘 낳고, 하는 일이 많아지며 여유가 없어지다 보니 나를 '항상' 필요로 하고 나에게 고민을 다 털어놓고 싶어 하는 친구들, 나에게 의지하는 사람들을 만날 때보다 여유롭고, 밝고, 단단한 친구들을 만났을 때 회복되는 느낌을 받게 되었습니다. 내 마음에 여유가 없어서, 누군가에게 내어줄 마음이 부족했고, 그러다 보니 자연스레 부정적인 사람들을 자주 만나지 않게 되었습니다. 그러면서 점점 저 자신이 조금씩 회복되는 것을 느끼게 된 것입니다.

계속 다양한 사람들을 만나며 시간이 흘러 40대가 된 지금, 앞에서 말한 자기계발서들에서 반복적으로 하는 저 말이 어떤 의미인지 이제는 이해할 수 있게 되었습니다. 나만

중심을 잘 잡고 있으면 된다고 생각했는데, 사람은 주변의 영향을 굉장히 크게 받고, 내가 어제 누구와 식사했고, 오늘 누구와 통화했으며, 어떤 이야기를 들었고, 무엇을 보았는지에 따라 내 생각과 말과 행동이 미묘하게 바뀌는 것을 느낄 수 있었습니다.

그래서 주변 사람이 내 인생을 크게 바꿀 수 있다는 말을 '절대로' 믿지 않던 과거와는 달리, 이제는 그 말에 고개를 끄덕이는 사람이 되었습니다. 제가 이렇게 바뀔지는 저도 몰랐지만, 이제는 내가 가장 가깝게 지내는 다섯 명의 평균이 나라는 말에 크게 동감합니다.

가끔 만나는 사람이 나에게 큰 영향을 끼치기는 어렵습니다. 부도덕하고 악한 사람을 자주 접해도 내가 중심을 잘 잡으면 물들지 않을 수 있습니다. 그러나 가족, 아주 가까운 지인들은 내 삶에, 내 뇌에 지대한 영향을 끼칩니다. 그동안 그걸 인지하지 못했을 뿐이었습니다. 인생의 남은 시간은 점점 줄어들고 맡은 책임은 점점 커지면서 자연스럽게 만나는 사람을 통제하게 되면서 깨닫게 된 진리입니다.

지금의 나를 만든 다섯 사람

저는 꾸준히 한 가지 일을 못한다는 콤플렉스를 가지고 있었습니다. 제 배우자는 아주 꾸준한 사람입니다. 사람이 가끔 늦잠을 잘 수도 있고, 좀 더 유연하게 시간을 써도 되는데 배우자는 매일 같은 시간에 일어나 같은 시간에 출근합니다. 자기가 알아야 하는 분야가 있으면 매일 공부해서 결국 그 분야에 능통한 사람이 됩니다. 어떻게 그럴 수 있냐고 물으면 자신은 집중력이 좋지도 않고 오래 앉아 있지도 못하기에 그냥 남들보다 좀 더 하고, 계속 꾸준하게 할 뿐이라고 말합니다.

20대에 만나 매일 이런 모습을 보면서, 저도 자연스레 그 모습을 학습하게 되었습니다. 전혀 가지고 태어나지 못한 꾸준함을 쌓아가는 데 15년째 제 옆에 있는 배우자의 역할이 매우 컸습니다. 제가 어떤 성과를 이루고 나면 항상 배우자에게 장난스럽게 말합니다. "당신 아니었으면 난 절대로 이런 사람이 되지 못했을 거야." 유유자적하지 않은 성향의 사람과 결혼해서 나도 힘들었다고 투덜거릴 때도 있지만, 진심은 지금의 배우자가 아니었다면 지금의 저는 '꾸준함'을 득할 수 없었다는 것을 알고 있습니다. 가끔 만나는 사람이 저에게 주는 자극과 매일 함께 사는 사람이 주는 자극과 노출의 차이는 어마어마하니까요.

저는 강박적인 성격을 타고났습니다. 성격이 급하고, 쫓기고, 불안합니다. 그 누구도 눈치채지 못하게 최선을 다해서 숨기고, 오랜 기간에 걸쳐 정성스럽게 사회적 가면을 만들어냈지만, 불안이 높습니다. 그래서 무슨 일을 하더라도 차분하고 마음의 여유를 가진 사람이 늘 부러웠습니다. 바로 그 '여유로움'을 가진 사람을 친구로 두고 있습니다.

2016년 첫 아이를 낳고 간 조리원에서 만난 이 친구는, 잠깐의 대화에서도 편안한 미소와 차분한 성격이 참 인상적이었습니다. 우리의 첫째 아이들이 공룡을 좋아한다는 공통점이 있어 친구가 되었습니다. 언젠가 공룡 박물관에서 그 친구를 만났습니다. 어른은 두 명인데 두세 살짜리 아이가 셋이라 정신이 하나도 없었습니다. 그러던 중 제 아이가 큰 팝콘을 쏟았고, 저는 어쩔 줄 몰라 하며 일어나서 주변의 눈치를 보며 팝콘을 빠른 속도로 줍고 있는데 친구가 제 아이에게 "괜찮아, 그럴 수 있어" 하고 밝게 웃었습니다. 집에 놀러 가면 "유나야, 코스트코에서 사 온 스콘 한번 먹어볼래? 완전 행복한 맛이야!" 하면서 오븐에 스콘을 구워 예쁜

접시에 담아 건네며 커피도 내려 주었습니다. 그 친구와 만남의 횟수가 늘면 늘수록 저 또한 그 모습을 닮아갔고, 그게 참 좋았습니다.

조리원에서 만난 또 다른 친구가 있습니다. 우리 셋은 다른 조리원에 갔으면 어쩔뻔했냐며 10년째 매일 일상을 나눕니다. 이 친구는 제가 가지지 못한 '긍정'을 갖고 태어난 사람처럼 보였습니다. 오래 훈련해서 얻은 것인지, 타고난 것인지 모를 무한 긍정에 제 생각도 바뀌어 갔습니다.

살면서 큰 일이나 고민이 있을 때마다 항상 다 잘될 거라며 좋은 쪽으로 생각하려고 노력하는 모습에 내가 가진 '불안'이 초라해 보일 때가 많았습니다. "어떡하지, 어떡하지…" 하며 발을 동동 구르고 사는 내 모습에 비해, 매일 운동으로 몸과 마음을 단련하며, 자기가 사랑하는 것을 찾아서 조용히 스트레스를 풀 줄 아는 모습이 저에게 큰 울림을 주었습니다. 그 모습에 어느덧 저도 비슷한 사람이 되어가고 있었습니다. 좀 늦었지만, 최근 운동을 열심히 하기 시작한 것도 이 친구 영향입니다.

그리고 저에게 엄청난 영향을 미치는 두 아들을 빼놓을

수 없습니다. 첫째는 남이 자신을 어떻게 볼지, 누가 자신을 좋아할지 싫어할지 이런 것에 전혀 관심이 없습니다. 저는 어릴 때 그런 시선에 굉장히 영향을 받는 사람이었기 때문에 이런 첫째의 모습을 보면서 많은 생각을 합니다.

어제는 첫째가 베스트프렌드와 싸웠다고 해서 "○○야, 그렇게 가까운 친구가 있다는 게 얼마나 행운인 줄 알아? 그러니까 베스트프렌드에게 좀 더 잘해주고 말도 예쁘게 해"라고 이야기했습니다. 그랬더니 "엄마, 다 싸우면서 크는 거야. 내가 나쁜 마음으로 한 게 아니면 친구는 다 이해해 줘. 굳이 막 잘해주려고 할 필요는 없어"라고 하더군요. 세상에서 저에게 가장 큰 영향을 주는 초등학생입니다.

둘째는 잘 웃습니다. 세상에서 처음 보는 웃수저입니다. 자고 일어나면 웃고, 실수를 해도 웃고, 뭔가에 집중할 때도 계속 미소 짓고 있습니다. 어린이집에서 보내주신 사진들도 다 웃는 사진입니다. "그렇게 좋아?" 하고 물어보면 또 웃습니다. 2021년에 둘째를 낳고 제 친구가 저에게 한 말이 있습니다. "유나야, 너 둘째 낳고 나서 정말 많이 웃는 거 알아? 많이 웃는 아기를 키우는 엄마는 더 많이 웃는대"라고요.

저와 가장 가까운 사람들, 가장 자주 만나는 다섯 명은 배우자, 아이 둘, 조리원 동기 두 명입니다. 이 다섯 명의 평균이 나라고 생각해 보니 정말 그런 것 같습니다. 아니, 그랬으면 좋겠습니다. 그들의 평균인 것이 자랑스럽고 행복합니다. 그들에게도 내가 그런 사람이면 더할 나위 없이 좋겠습니다. 여러분이 가장 가깝게 지내는 다섯 명은 누구인가요?

끝내 무너지지 않는 법

내가 무너진 순간

SNS 팔로워 친구들에게 제가 새로운 책을 쓴다면 어떤 이야기를 듣고 싶은지 물었습니다. 많은 분이 인생에서 가장 크게 무너졌던 순간의 이야기가 듣고 싶다고 응답했습니다. 저는 직업적으로 곧 무너져 내릴 것 같은 사람을 매일 마주합니다. 불과 한 시간 전에도 심각한 가정폭력으로 공황장애와 우울증 약을 먹고 있지만 불안이 나아지질 않는다며 손을 부들부들 떨며 눈물을 흘리는 분을 상담했습니다. 일상이 이렇다 보니, 누군가를 만나면 반대로 밝은 얼굴을 많이 하고, SNS에도 하루 중 행복했던 순간을 올릴 때가 많습니다.

저는 자신이 힘들었던 이야기를 하고 싶지 않고, 한 적이 거의 없습니다. 그런데 지나고 보니 제대로 서지 못할 만큼 고통스러워 자꾸만 어딘가 넘어져서 멈춰 있던 그 시간이, 저에게 다시 바닥을 짚고 일어나는 법을 알려준 시간이 되기도 했다는 사실을 부정할 수는 없을 거 같습니다.

저는 40년 동안 다섯 번 정도 크게 무너졌습니다. 첫 번째는 2009년, 로스쿨에서 꼴찌에 가까운 성적을 받은 순간입니다. 저 자신에 대한 혐오가 극에 달했던 나날을 보내며, 매일 정독실에서 가장 늦게까지 버티는 사람이 되자는 마음으로 그 시간을 극복했습니다. 인생에서 처음으로 고통을 마주하고, 제 발로 스스로 서려고 온몸에 힘을 바짝 주었던 날들이었습니다.

두 번째는 2012년, 아버지가 돌아가셨을 때입니다. 시험을 마친 당일에 아버지의 전화를 받았는데, 아버지가 말기 암이라는 것이었습니다. 입원실에 살며 수험 공부 때문에 그간 밀렸던 대화를 매일 몇 시간씩 했고, 아버지 옆에 꼭 붙어 투병 생활을 함께했습니다. 꼭 안고 있으면 하늘에 뺏기지 않을 것이라는 듯이 아버지 옆에 누워서 아버지를 자꾸만 안았습니다. 그렇게 6개월을 보내고, 세상에 하나뿐인 멘토인, 존경하는 아버지를 제 품에서 떠나보냈습니다.

아버지의 사망과 동시에 신입 변호사가 되었습니다. 떠맡은 책임과 적응해야 할 새로운 환경도 벅찼는데, 슬픔에 정신을 차리기가 힘들었습니다. 다시 예전의 나로 살 수 있을지 의문이 들 만큼 마음이 크게 무너진 채로 시간을 보냈습니다. 사람들의 위로는 귀에 들어오지 않았고, 무기력했고, 경제적인 두려움을 처음으로 느꼈습니다.

나중에 시간이 흘러 생각해 보니, 아버지가 돌아가시고 한두 달쯤 지나 첫 입사를 했던 것이 어쩌면 저를 다시 일으킨 것 같습니다. 그때 만약 하루하루의 업무와 책임이 눈앞에 없었다면 하는 생각이 들면 아찔해집니다. 누군가에게 도움이 된다는 성취감, 당장 해야 할 일이 있다는 것, 일상의 루틴이 사람을 살게 한다는 것을 알게 되었습니다.

세 번째는 2016년 출산 후였습니다. 첫째를 낳고 제왕절개 후유증과 젖몸살이 심하게 왔습니다. 출산이라는 것은 제가 상상할 수 있는 차원의 일이 아니었습니다. 잘 이겨낼 것이라는 예상을 한참 벗어났고, 혼자서 몸을 일으키기도 힘들었습니다. 아이는 계속 우는데 저는 툭하면 고열이 났고, 몇 달을 거의 세상과 단절된 채로 살아야 했습니다. 몸이 바닥으로 파고 들어가는 것 같았습니다. 숟가락 들 힘이 없어서 밥을 먹지 못했습니다.

육아는 출산보다 더 큰 산이었습니다. 퇴근해서 집에 오면 여덟 시부터 새벽 한두 시까지 아이와 씨름하다 겨우 아이를 재워놓으면, 아이가 시간마다 깨서 밥을 달라고 울었습니다. 재워도 재운 게 아니었습니다. 2016년과 2017년은 거의 기억이 없습니다. 매일 저는 삭제되었고, 많이 외로웠습니다. 그때 저를 살린 것은 일이었습니다. 잡혀 있는 상담과 재판이 힘든 줄 몰랐습니다. 일은 세상과 단절된 저를 자꾸만 세상 밖으로 끌어내 줬습니다. 일의 소중함을 크게 느끼게 되었고, '난 평생 일을 해야 하는 사람이구나' 하는 자각을 깊게 했습니다. 그리고 아이에게 돌아가야 하는 시간이 정해져 있었기 때문에 시간을 소중하게 쓰는 법(지금 이 책에서 다루는 내용들)을 조금씩 터득하기 시작했습니다.

네 번째는 2018년이었습니다. 가족 중 한 명이 이혼하게 되었습니다. 바로 얼마 전까지 내 가족이라 생각하며 가깝게 지내던 사람이 남이 되는 과정이 너무 고통스러워서 며칠을 잠을 못 자고, 밥도 먹지 못했습니다. 당시 7년 차 이혼 전문 변호사였는데도, 꼭 누군가의 이혼을 처음 보는 것만 같았습니다. 가족이 남이 되는 것은 살을 떼어 내는 것 같은 고통이라는 의뢰인들의 표현이 무엇인지 알 것 같았습니다. 이혼이 이렇게 큰 아픔인데, 이 정도일 줄은 몰랐다는 것에 의뢰인들에게 미안했고, 이혼을 한 분들께, 또는 이혼하지 않았어도 결혼생활에서 고통받는 사람들에게 공감과 위로를 드리고 싶은 마음으로 SNS에 이혼 만화를 연재하기 시작했습니다.

가족의 이혼이 아니었다면 아무리 역지사지를 해도 당사자의 고통을 반도 이해하기 어려웠을지도 모릅니다. 과거 힘든 경험을 통해서 고통을 이겨내기 위해서는 뭔가를 매일 해야 한다는 것을 알게 되었기 때문에, 하루에 몇 줄씩이라도 글을 쓰며 고통을 해소하고 풀어낼 수 있었습니다. 그리고 그때 시작한 글쓰기가 저를 수년 후 드라마 작가로 데뷔시키기도 했습니다.

다섯 번째는 얼마 전, 올해의 일입니다. 또 한 번 사랑하는 가족을 잃게 되었습니다. 가족의 사망에는 절대 익숙해지지 않는다는 것을 알게 되었습니다. 다시 정신을 못 차릴 정도로 무너졌고 솔직히 고백하건대, 아직 회복하지 못했습니다. 여전히 밖에서는 가면을 잘 쓰다가 퇴근하면 집에서는 많이 웁니다. 그래도 이제는 압니다. 지금은 너무 고통스럽지만, 시간이 흐르면 끝내 단단해지리라는 것을. 그렇게 하기 위해서는 나를 살릴 매일의 루틴이 필요하다는 것을.

나를 살린 루틴

여러 번의 경험을 통해 나를 살리고 다시 일어나게 하는 루틴은 일부러라도 만들어 내야 한다는 것도 이제는 알게 되었습니다. 그래서 의도적으로 두 가지를 시작했습니다. 운동, 글쓰기입니다. 주 3회 이상 운동을 시작했고, 이 책의 집필을 시작했습니다. 부끄럽게도 운동을 꾸준히 하겠다는 신년 계획을 매번 지켜내지 못했는데, 인생에서 처음으로 4개월째 매주 3회 이상 헬스장에 가고 있습니다. 몸을 움직이지 않으면 자꾸 슬픔에 잠기기 때문에 억지로 몸을 일으킵니다. 몸도 조금씩 단단해지고 있는 것 같습니다. 그리고 이 책을 쓰는 일이 지금 저를 다시 일으키고 있습니다. 매일 쌓이는 페이지를 보며, '이 책을 읽은 독자분들은 어떤 반응을 해주실까?' 하며 설렘이 다시 꿈틀댑니다.

시도 때도 없이 고인에 대한 생각이 찾아오지만, '오늘 두 페이지 쓰고 자야 해, 오늘 천국의 계단 30분, 근력운동 30분 무조건 해야 해' 하면서 하루하루를 보내고 있습니다. 제 책임을 다하기 위해, 아이들에게 너무 오래 슬퍼하고 우울해하는 엄마의 모습을 보일 수 없기에 자꾸만 루틴을 만들고, 할 일을 만들며 버티고 있습니다. 그리고 이런 루틴이 저를 또 다른 세상으로, 더 나아진 저에게로 데려다 줄 것이라고 믿습니다.

가장 힘들고 아팠던 사건마다 매번 많이 무너졌지만, 또 최선을 다해 일어났고, 걸어갔다는 것을 기억하고 신뢰하기에 오늘도 이렇게 글을 씁니다. 우리는 끝내 단단해질 사람들이니까.

운동 습관은
인생의 시간을 벌어줍니다

운동 습관 쉽게 만들기

부끄럽게도 20~30대 내내 운동하는 시간이 아깝다고 생각했습니다. 헬스장에 가서 옷을 운동복으로 갈아입고, 30분에서 한 시간 정도 운동하고, 씻고 다시 옷을 갈아입으면 두 시간이 훌쩍 가는데, 하루에 두 시간이 저에게 너무 소중했기 때문입니다.

30대 중후반이 되면서 혈당은 경고 수치를 기록했고, 보기에는 말랐는데 배가 나온 전형적인 마른 비만이 되어갔습니다. 두 아들의 에너지에 체력은 늘 부족하고 한두 달에 한 번은 감기를 앓았습니다. 근육량은 초등학생 수준, 체지

방은 30%를 기록했습니다. 사실 지금도 크게 다르진 않습니다. 그런데 한편으로는 크게 다릅니다. 무슨 말이냐고요? 지금이라고 제 몸이 획기적으로 달라지진 않았지만, 이제는 습관이 달라졌고, 습관이 달라졌으니 미래가 달라질 것이 너무 자명하기 때문입니다.

제가 만 39세가 되었을 때 딱 세 가지를 결심했습니다. 다른 사람의 정서에 대한 책임감에서 완전히 벗어날 것, 1년에 한 번 꼭 나만을 위한 여행을 갈 것, 이제는 진짜 운동할 것. 운동은 새해마다의 목표였지만, 지켜진 적이 없는 오랜 과업이었습니다. 그리고 드디어 3년 동안 한 번도 가지 않은 헬스장에 가기 시작했습니다.

어떤 자기계발 유튜브에서 본, 21일 동안 같은 행동을 반복하면 뇌에 습관이 형성된다는 말에 기대어(과학적으로 사실이든 아니든) 21일만 하루도 빠짐없이 헬스장에 가기로 했습니다. 운동을 좋아하지 않고, 타고난 근육량이 최하인 저에게 쉬운 일이 아니었지만 15일을 해냈습니다. '난 의지박약이야, 21일 가기로 해놓고 15일밖에 못 갔어'라고 스스로 채찍질하고 한심해하다가 아예 운동을 포기하지 않기 위해 15일이나 운동을 한 자신을 충분히 칭찬했습니다.

그리고 개인 운동PT을 등록했습니다. 뇌에 어느 정도 습관으로 자리 잡은 것을 더욱더 강제하기 위해 '약속, 비용'이라는 장치를 만든 것입니다. PT 등록도 스무 살 이후 수십 번이었지만 10회 등록 후 여섯 번 정도 운동하고 네 번은 노쇼 후 재등록하지 않은 적이 대부분이었습니다. 이번에는 계속 연장하며 꾸준히 운동하고 있습니다.

그렇게 7개월 정도가 지났습니다. 운동을 시작한 지 4개월 만에 절대 불가능의 영역으로 여겼던 근육 1kg 이상 증량에도 성공했습니다. 가끔 동기부여를 위해 수치를 재긴 하지만, 이제는 단기 목표 성취보다 꾸준함이 훨씬 더 큰 성공임을 알기에 근육 증량보다는 주 5회 이상 헬스장에 갔을 때 나를 칭찬합니다.(보상으로 평소에 마시지 않는 아주 달달한 커피를 허락합니다.)

허세도 도움이 된다

7개월 운동하고 스스로 '헬스인'이라고 말하고 다닙니다. 캠핑하러 가서 무거운 장비를 배우자가 들려고 하면 "나 헬스인인데, 이까짓 거 내가 들어"라고 말합니다. 운동 영역에서는 실패를 반복했지만, 그 외 다른 영역에서는 저를 통제하고 시험하고 칭찬하며 꾸준함과 성취를 이뤘기에, 이제는 알고 있습니다. 내 마음속에 있는 약간의 허세가 결국 나를 그곳으로 데려다준다는 것을요.

체지방은 여전히 30%대를 유지하고 있고, 근육은 1kg 늘었지만, 이제는 운동하는 나 자신을 신뢰하기 때문에 이건 허세가 아니라 미래의 나에 대한 평가를 조금 앞당겨 온 것으로 생각하려고 합니다. 저는 50대에는 정말로 헬스인이 되어있을 것이고, 운동하지 않는 저와의 불신에서 벗어나 저를 믿는 사람이 되었으니까요.

PT 선생님을 처음 만났을 때 "선생님, SNS에서 보는 몸 좋은 사람처럼 되려면 주 3회 이상 운동하면 되나요?" 하고 물었는데, 대답이 가히 충격적이었습니다. "주 3회 운동으로 체형이 그렇게 바뀌지도 않고, 바뀐다고 해도 몇 주 안 하면 허무하게 사라져 버리는 게 근육입니다. 대단한 목표 세우지 말고, 그냥 꾸준히 하시는 게 중요합니다." 어쩌면 저에게 꼭 필요한, 제가 듣고 싶었던 말이었을지도 모릅니다. 모든 것이 그러하니까요. 지금은 전혀 변화하는 것 같지도 않고, 이게 맞는 방향인지도 모르는 채로 나의 시간과 에너지를 쓰지만, 그저 자신을 믿고 확신하며 나아가면 결국 행복에 가까워지니까요.

'원래'라는 단어를 정말 싫어한다고 말씀드렸습니다. 헬스장에서 열심히 운동하는 연세 지긋하신 분들을 보며 저를 돌아봅니다. '난 원래 타고난 근육이 없어', '운동은 내 영역이 아니야' 하며 나 자신의 발전을 막아온 것은 아닌지 하고요. 60~70대의 인생 후반전에 계신 분들이 저보다 훨씬 탄탄한 몸을 가지고 계십니다.

이 글을 쓰는 지금도 여전히 이따가 헬스장에 가야 하는 것이 너무 싫고, 21일로 습관이 생긴다는 말이 다 거짓말 같습니다. 그래도 제가 오늘 헬스장에 갈 거라고 굳게 믿습니다. 그래서 행복합니다. 뭘 성취해서가 아니라 40년 만에 드디어 저를 믿게 되어서. 그리고 꾸준한 운동이 앞으로의 제 인생의 시간을 벌어줄 것을 깊이 깨닫게 된 덕분입니다.

오늘 오전에 워킹 런지를 하다가 남은 길을 보고 한숨을 쉬는 제게 PT 선생님이 말했습니다.

"얼마나 남았나 보지 마시고 그냥 한 스텝, 한 스텝에만 집중하세요."

그 말에 힘이 났습니다. 오늘 하루에 집중하면 우린 어디든 갈 수 있습니다.

혼밥을 사랑합시다

혼밥 예찬

제가 20대 때에는 식당에서 혼자 밥을 먹는 사람을 찾아보기 어려웠고, 혼자 밥을 먹는다고 하면 "왜? 너 친구 없어?" 또는 "외롭지 않아? 내가 같이 먹어 줄게" 등의 반응이 아주 일반적이었습니다. 그러나 이제는 직장에서도 함께 밥 먹자는 말이 금기어가 될 만큼 혼자만의 식사 시간을 즐기는 사람들이 많아졌습니다. 저 또한 혼밥을 예찬하는 사람입니다.

연세가 지긋한 분들이 "좋은 사람과 맛있는 음식 먹는 게 최고다. 인생의 전부라 해도 과언이 아니다"라고 말씀하시는 것, 들어보셨지요? 예전엔 이해하지 못했지만, 이제는 이 말의 뜻을 잘 알게 되었습니다. 교외의 순두붓집, 백숙집에 어머님, 아버님 연세의 사람들이 삼삼오오 모여 식사하는 모습을 보면 참 부럽습니다. 어쩌면 저게 정말 인생의 전부이고(건강, 시간, 경제력, 주변인들과 좋은 관계가 다 있어야 가능한 것이기 때문에), 언젠가 내게도 저런 시간이 더 자주 주어지면 좋겠다고 생각합니다.

그런데 젊은 우리는 매일 좋은 사람과 맛있는 것을 먹을 수는 없습니다. 젊은 시절을 효율적으로 보내지 않는다면, 50대, 60대가 되어 여유롭게 등산하고, 건강하고 맛있는 것을 먹는 일은 더 어려워질 테니까요.

그럼 어떻게 '좋은 사람과 맛있는 것 먹기'의 결핍을 해소할 수 있을까요? 방법이 있습니다. 나를 아주 좋아하고 맛있는 것을 함께 먹는다면 어떨까요? 그건 매일 할 수 있는 활동입니다. 이걸 해낸다면 하루에 세 번, 식사 시간마다 행복을 느낄 수 있습니다.

로스쿨에 입학하면서부터 혼자 밥을 먹을 일이 많아졌습니다. 자의는 아니었지만, 공부 시간 확보가 중요한 시기였기 때문에 자연스럽게 그렇게 되었습니다. 누군가와 함께 식사하고, 커피도 마시고 대화하다 보면 두세 시간은 훌쩍 지나갔습니다. 법 공부도 남보다 늦게 시작했기에 두세 시간을 식사에 사용할 여유가 없었고, 밥은 간단히 혼자 먹는 날이 많아졌습니다. 그때만 해도 어쩔 수 없이, 참고 견디며 혼밥을 했습니다.

스물일곱에 변호사가 되니 지방 재판을 갈 일이 많았습니다. 각자 사건을 50~70개씩 맡아 주 2~3회는 재판을 나가니, 입사 동기, 선후배가 함께 시간을 맞춰 밥을 먹는 일이 어려워졌습니다. 변호사가 되면 점심시간에 여유롭게 사람들과 대화를 나누며 식사할 거라고 기대하며 수험 생활을 견뎌왔지만 혼밥 상황은 크게 달라지지 않았습니다.

사무실을 개업한 다음에는 직원분들이 즐겁게 식사하고 있다가 식당에 들어오는 저를 부담스러워하면서 대화의 주제가 바뀌는 것을 여러 차례 목격하였습니다. 저 때문에 식사도 편하게 못 할까 봐 같이 밥을 먹자고 말하기가 꺼려졌습니다. 저도 회사에 다녀봤기에, 점심시간이라도 편하게 쉬고 싶은 마음을 이해할 수 있었습니다. 그래서 또 입장과 상황 때문에 혼밥을 하게 되었습니다. 그렇게 24세부터 본격적으로 시작했던 혼밥은 이제 16년 차가 되어갑니다.

식사 시간을 치유의 시간으로

지금도 하루 세 끼를 대부분 혼자 먹습니다. 비즈니스로 식사 약속을 하는 일이 일주일에 한두 번 있고, 친구랑 밥을 먹고 싶을 때는 연락해서 만나기도 하지만 그런 날도 한 달에 한 번을 넘지 않는 것 같습니다. 사람이 어떻게 그렇게 사냐고요? 너무 고립된 것 아니냐고요? 이제는 시간도, 경제적 여유도 예전에 비해 훨씬 많이 생겼지만, 타의가 아닌 자의로 혼밥을 합니다. 지난 10년 이상의 혼밥이 제게 준 것들이 너무 많기 때문에 하루에 한 번은 꼭 혼자 밥을 먹는 시간을 가지게 되었습니다.

오전에 운동하고 나서 나를 위해 단백질 메뉴를 챙겨 먹는 시간(고기 야채찜, 샤부샤부, 월남쌈, 보쌈, 닭 가슴살 샐러드 등), 오전 내내 상담하고 뇌에 자극과 스트레스가 올라올 타이밍에 맞춰 챙겨 먹는 탄수화물 메뉴(회사 근처에서 한식류), 저녁에 하루의 스트레스를 풀어 줄 만한 빨갛고 쫄깃한(저의 최애 오징어, 주꾸미, 낙지, 닭발, 가끔 떡볶이) 메뉴들을 찾아 먹는 것은 이제 저를 지탱하는 힐링의 시간입니다.

식사 시간을 치유의 시간으로 사용한다는 것은 인생에서 시간을 버는 일이기도 합니다. 바쁘게 살다 보면, 주변 사람들을 놓치기 쉽습니다. 그럴 때 혼밥을 하면서 생각나는 사람에게 메시지로 안부를 전하기도 하고, 보고 싶은 사람이 생기면 갑자기 "지금 혹시 밥 먹을 수 있어?" 하고 연락합니다. 물론 갑작스럽게 누군가를 불러내서 함께 식사하게 되면 내 시간을 절약한 만큼 밥값은 제가 계산합니다.

친구, 지인과의 관계를 유지하기 위해 꼭 자주 함께할 필요는 없습니다. 갑작스럽더라도 왜 오늘따라 그 친구와 꼭 밥을 먹고 싶었는지, 바쁜 일상을 보내다 보니 친구와 자주 보지 못하는 것이 얼마나 아쉬운지 표현한다면 가끔 만나더라도 질 높은 관계를 만들고, 유지할 수 있습니다.

뭔가 이뤄내고 싶은데, 소소한 행복도 놓치고 싶지 않다면 혼밥을 사랑해 보세요!

나를 믿으세요

꾸준함을 만드는 복원력

한때 잘나갔던 사업가, 한때 전국을 휩쓴 드라마를 쓴 작가, 한때 억대 연봉을 받은 회사원, 한때 팔로워 수가 많고 월수입도 좋았던 인플루언서 등 자신이 하는 일에서 두각을 드러냈던 사람은 꽤 많습니다. 그런데 오랫동안 꾸준히 좋은 성과를 내는 사람은 그리 많지 않습니다.

왜 누군가는 성공을 꾸준히 이어 가고, 또 누군가는 한 번의 영광에 그치는 것일까요? 이 차이를 만드는 것은 결국 꾸준함임은 누구나 알고 있습니다. 그런데 이 꾸준함이 타고나는 것이 아니라 훈련으로 이뤄내는 것임을 아는 사람은 많지 않습니다. 그렇다면 꾸준함을 훈련할 때 가장 필요한 건 무엇일까요? 바로 복원력입니다. 복원력 역시 훈련으로 얼마든지 가질 수 있는 것입니다. 시간에 쫓기지 않고 더 잘 살게 하는 치트 키, '복원력'에 대한 얘기를 해보려고 합니다.

"넌 이제 됐다. 다 왔어."

"이제 네 인생은 탄탄대로야."

살면서 간혹 이런 말을 들은 적이 있습니다. 그러나 탄탄대로 같은 것은 없었습니다.

학창 시절 몇 번 전교권 등수를 받았지만, 수능 모의고사 점수는 제가 원하는 대학을 갈 만큼 잘 나온 적이 없습니다. 로스쿨은 입학하자마자 꼴찌를 했고, 변호사 자격증을 딴 다음에 수십 군데 회사에 지원했지만 떨어졌습니다. 겨우겨우 회사에 들어가고 난 후에는 보통 직장인보다 월에 백만 원 정도 더 벌면서 저녁 야근과 주말 근무를 했습니다. 결국 시급으로 따지면 크게 다를 것도 없었습니다. 왜 전문직이 좋은 직업이라고 말하는지 의심을 품기도 했습니다.

개업하고 나서는 월에 백만 원을 벌기가 얼마나 어려운지 깨닫게 되었고, 실제로 월세조차 내지 못하는 개업 전문직이 많다는 것도 실감했습니다. 직원분들 월급이 내 월급보다 많이 나가기 시작하자 부정적인 감정을 느끼기도 전에 눈물부터 나기도 했습니다. '이 막막함은 내가 머리로 계산을 해보기도 전에 몸이 먼저 아는 수준의 본능적 막막함이라 감정보다 눈물이 앞서는 건가' 하는 생각이 들었습니다. 「굿파트너」가 잘 되고 나서 새로운 작품을 계약하자는 제작사도 많았지만, 법정물이 아닌 드라마를 쓸 자신이 없어 작가로서의 자존감은 다시 원점이 되었습니다.

탄탄대로라는 것이 정말로 있는 줄 알았습니다. 그간 해놓은 게 있으니 정체 없이 뻥 뚫리는 인생의 고속도로가 기다리는 줄 알았습니다. 그런데 자동으로 계단을 오르는 방법은 세상에 없다는 것을 알게 되었습니다. 길은 점점 오르막길로 바뀌는 것만 같았습니다. 그동안 해왔던 노력은 계속 유지하면서 조금씩 강도를 늘려가야만 기존의 것들을 지켜내고, 유지나마 할 수 있다는 것을 깨닫게 되었고, 그럴수록 점점 더 차분해 졌습니다.

내가 지금 신나봐야 이게 지속 가능하지 않다면 무슨 의미가 있겠는가. '한때' 뭔가를 잘했던 사람이 되려고 노력해온 것이 아닌데. 점점 더 묵묵히 가야만 원하는 곳까지 갈 수 있는 것이란 걸 알게 되었습니다. 그런 꾸준함을 갖기 위해서는 '한때'의 감정에 취했을 때 얼른 일상을 회복하고, 누군가가 나를 공격했을 때 휘둘리지 않을 복원력이 가장 필요했습니다.

일타 강사 이지영님이 이런 말을 했습니다.

"나는 내가 이룬 모든 성과와 통장의 잔고가 모두 0이 되더라도 다시 뭔가를 해낼 수 있다는 나 자신에 대한 믿음을 가지고 있다."

이 말을 듣고, 인생의 크고 작은 일을 겪으면서도 자신이 원하는 삶을 위해 오뚜기처럼 나 자신을 일으키는 복원력은 결국 자기 자신에 대한 믿음에서 나온다는 것을 알게 되었습니다. 나 자신을 믿어주기. 쉬운 일은 아닙니다. 내가 나를 믿기 위해서는 내가 나에게 멋있어 보여야 합니다. 우리가 이상형을 얘기할 때 '존경할 만한 사람, 멋있는 사람, 본받을 만한 사람'을 자주 이야기하듯 내가 나에게 그런 존재가 되어야 합니다.

'난 마음먹으면 해내는 사람이야. 한번 실패해도 무너지지 않고 다시 처음부터 매일매일 꾸준히 반복하면 분명 다시 해낼 수 있을 거야.' 이 말을 계속 스스로에게 되뇌고, 목표대로 해나가는 모습을 보여준다면 내가 나에게 멋있어 보이는 날이 꼭 올 거라고 생각합니다. 나에 대한 믿음이 인생의 복원력, 그 핵심입니다.

당신의 스토리는 무엇인가요

내 이야기 만들기

가장 부유한 삶은 이야기가 있는 삶이라네. 스토리텔링을 얼마나 갖고 있느냐가 그 사람의 럭셔리지.
_이어령, 김지수, 『이어령의 마지막 수업』

제가 정말 좋아해서 머리와 마음속에 귀하게 간직한 문장 중 하나입니다. 이 문장에는 참 여러 의미가 담겨 있습니다. 해석은 다 다르겠지만 저는 이 문장을 남들의 기준이 아닌, 자신만의 꿈을 갖고, 실패를 딛고, 꿈을 향해 나아가는 서사를 가진 사람은 몸도, 마음도 가장 행복할 것이라는 뜻으로 받아들였습니다.

고난이나 좌절이 전혀 없는 서사는 거의 없습니다. 정신적으로든, 경제적으로든 부유해지기 위해서는 고통의 서사를 거쳐야 하고, 그 서사를 꿈에 다가가는 스토리로 엮을만한 멘탈도 지녀야 한다는 뜻으로 이해할 수도 있습니다. 어떻게 한 문장 안에 이렇게 다양하게 해석할 수 있는 의미가 담겨있는지, 작가의 연륜이란 대단하다고 느끼게 해서, 작가를 꿈꿔온 저에게 자극제가 된 문장이기도 합니다.

많은 사람이 뭔가를 시작할 때 이런 생각을 합니다. '이게 될까?', '잘 안되면 어떡하지?', '괜히 했다가 시간과 돈만 쓰고 망하는 거 아니야?' 세상에 잘될 것을 예상하고 뭔가를 시작하는 사람이 몇 명이나 될까요? "저는 시장을 완벽하게 파악했고, 이 아이템이 먹힐 것이라는 걸 완전히 확신했습니다"라고 말하는 사람을 본 적이 있나요? 설사 저런 말을 한 사람이 있다고 해도 그 사람의 서사는 이제 시작일 뿐일 것입니다. 또 뭐가 어디서 잘못될지 모르는 것이니까요.

한 번에 잘되는 사람은 없고, 노력하지 않고 운으로 잘되는 사람은 더 없습니다. 그러니 '이게 될까?' 보다는 '시작은 미약하지만, 그 끝은 창대하리', '잘 안되면 다시 하자' 하는 마음으로 내 인생 서사를 써나가는 게 어떨까요. 어떤 분야든 좋은 결과를 내기 위해 가장 필요한 것은 인내심입니다. 성격이 급해 빨리 성공을 맛보고 싶은 사람은 포기도 빠릅니다. 그러니 지금부터 제대로 된 내 인생의 스토리를 써나간다고 생각하고 시작하세요. 잘못될 것을 두려워하지 말고, 무조건 몇 번 미끄러지겠지만 다시 딛고 일어나면 그것이 내 인생 최고의 스토리가 되리라는 것을 믿어 의심치 마세요. 그렇다면 우리 모두 부유해질 수 있습니다.

성덕이 된 스토리

같은 맥락에서 제 스토리를 한번 나눠볼까 합니다. 스토리의 제목은 '성덕이 된 썰'입니다. 이 이야기를 SNS에 올렸더니 어떤 분이 꼭 책에 넣어달라고 하시더라고요.

장나라 배우님이 대한민국 연예계를 씹어 삼킨 적이 있었습니다. 하는 노래, 방영을 시작한 드라마, 광고… 모든 것이 화제성을 일으키며 대성공했습니다. 저도 제 친언니라도 되는 것처럼 나라 언니의 사진을 보고, 노래를 듣고, 드라마를 챙겨 보고, 노래방에 가서 노래를 따라 부르곤 했습니다. 그 이후에도 오랜 시간 동안 팬심을 그대로 지니고 배우님의 활동을 찾아보며 응원했습니다.

2018년부터 6년간 드라마를 쓰고 고치고 또 썼습니다. 자려고 누우면 '이런 글이 언젠가 세상에 나갈 수 있을까. 드라마가 되는 날이 오긴 할까' 하는 자괴감이 들었습니다. 그러면서도 한편으로는 머릿속에 언젠가 대본 리딩을 하는 장면을 그려보았습니다. 대본을 수십 번, 수백 번 고치고 읽은 사람이 별로라고 하면 버리고 또 쓰고 버리고… 그렇게 시간이 흘렀습니다.

어느 날, 방송국에서 드라마가 편성이 되었고, 캐스팅도 되었으니 대본 리딩에 나오라는 전화를 받았습니다. 들뜬 마음에 밤을 꼬박 새우고 다음 날 장소에 도착했는데! 비어 있는 제 옆자리에 '장나라'라고 쓰인 이름표가 있었습니다. 심장이 터질 것 같다는 말이 이런 뜻이구나 하던 찰나 문이 열리고 어린 시절 나의 우상이었던 사람이 들어왔습니다.

그리고 지난 6년간 다 외울 정도로 고쳐대던 그 대본을 장나라 배우님이 리딩하는 모습을 보았습니다. 눈물이 나는 것을 참느라 꽤 고생했습니다. 4부까지 리딩하는 내내, 마음속으로는 감동의 눈물을 흘렸습니다. 평생 잊지 못할(현재까지는) 제 인생 최고의 장면입니다.

이 이야기가 제가 자랑스럽게 꺼내놓는 저만의 스토리텔

링입니다. 딱 절반 정도 살았다 싶은 40년 인생. 앞으로 얼마나 더 많은 스토리를 갖게 될지 모르겠지만 꿈은 이루는 것이 아니라 지속하는 것이라는 이어령 선생님의 말씀처럼, 계속해서 저만의 서사를 이어가고 싶습니다.

이 책을 읽는 독자분도 자신만의 스토리를 찾아 글로, 말로 옮겨보세요. 스토리를 더 탄탄하게 만들어가는 삶을 살아보세요. 자신만의 스토리를 가진 사람은 돈이 많든 적든 한층 더 풍부한 삶을 경험할 수 있습니다.

시간을 쌓는 SNS 활용법

시공간의 재배치

"앞으로의 세상은 크리에이터와 비 크리에이터 둘로 나뉠 것이다"라는 말을 들은 적이 있습니다. 어떤 직업을 언제부터 가지고 있었든, 자기 일을 SNS에서 스토리텔링을 하며 콘텐츠를 만들고, 부수입을 얻는 사람들이 크게 늘고 있기 때문입니다. 유행어처럼 도는 말 중에 "이상형은 SNS 안 하는 사람"이라는 말도 있습니다. 그만큼 SNS를 하지 않는 사람(최소한 보는 것이라도)이 드물다는 현상을 방증하는 말이기도 합니다.

시공간은 완전히 재배치 되고 있습니다. 아홉 시에 출근해서 여섯 시에 퇴근하는 직장인이 되는 게, 또 그렇게 일하는 게 너무 당연하던 세상을 거쳐, 이제는 어디서나 일하는 '디지털 노마드'가 늘어나고 있고, 코로나 이후 재택근무나 주말 근무만 하는 사람도 많아졌습니다.

업무 특성에 따라 여전히 출퇴근 시간을 칼처럼 재는 회사도 존재하지만, 언제든 들락날락하며 자유롭게 일하게 하는 사무실도 많아졌습니다. SNS마다 한 달에 외제 차 한 대 값을 벌었다느니, 유튜브 크리에이터로 성공해서 퇴사했다느니 하는 가깝지만 먼 것 같은 이야기들이 가득합니다.

SNS는 지난 시간 동안, 친구를 사귀고 교류하는 친목 도구 단계를 훌쩍 넘어서 개인이나 기업을 브랜딩하고 수익을 창출하는 1인 미디어 혹은 사업체로 완전히 자리 잡았습니다. SNS에 업로드하는 일이 직업인 사람도 늘어나고 있습니다. 초등학생 절반 이상의 장래 희망이 유튜브 크리에이터, 인플루언서라는 얘기를 들은 적도 있습니다.

시간을 버는 SNS 활용법

시간 관리에 진심인 저는 SNS가 마일리지 아워를 실현하는 데 줄 수 있는 도움의 측면을 바라보고자 합니다. 최근 스레드Thread라는 새로운 SNS를 시작했습니다. 오프라인에서의 저의 본업은 변호사이고 저의 세컨드잡Second Job(부업이라는 표현을 쓰기에는 어감이 부족해서 이렇게 표현합니다)은 작가입니다. 이렇게 두 가지 루트로 살고 있으니, SNS에도 두 번째 정체성이 있으면 좋겠다는 생각이 들었습니다. 그래서 스레드를 시작하게 되었고, 이제 온라인에서 저의 본캐(인스타그램)는 이혼에 대한 만화를 연재하는 사람이고 부캐(스레드)는 누구나 친하게 느낄 수 있는 변호사 지인입니다.

SNS를 통해 직접적인 수익을 창출하지는 않습니다. 인스타그램 팔로워가 26만 명이 되자 포스팅 하나를 올리면 수백만 원을 주겠다는 광고 제안이 정말 많았습니다. 그러나 저는 직업이 인플루언서가 아니기 때문에 광고를 달고 수익을 내는 길을 선택하지 못했습니다. 그렇지만 하루 5~10분만 해도 포스팅이 가능한 SNS 덕분에, SNS 안에서 나 대신 일해주고 있는 '휴대전화 속의 또 다른 나' 덕분에 사건 수임이 훨씬 많아졌고, 여러 다양한 기회(방송, 글쓰기 등)를 얻기도 했습니다.

스레드를 시작하고 나니 또 다른 방식으로 시간 적립이 가능해졌습니다. 아침, 점심, 저녁 10분씩 매일 양치질한다는 생각으로 하루 세 번 SNS에 글을 올리면서 글쓰기를 담당하는 뇌의 영역이 크게 활성화되고 있다는 느낌을 받았습니다. 사람들의 반응을 보고, 내 글쓰기를 다듬어 가며, '이 글을 사람들이 왜 좋아했을까? 지난번 글은 왜 반응이 별로 없을까?' 계속 원인을 생각하며 보완하는 하루 30분의 시간이 저에게 발전적으로 작용하고 있음이 분명합니다.

지금 이렇게 새 책의 한 꼭지를 SNS에 대해 적을 수 있는 것도 스레드를 시작하며 이번 주 내내 머릿속에 그에 대한 생각을 했기 때문에 가능한 것이겠지요. 그러니 생각하는 시간도 아껴준 셈입니다. 저는 친구를 만나 수다를 떨고 싶을 때도 SNS에 접속합니다. 아이를 키우다 보니 저녁엔 약속을 잡거나 맥주 한잔하는 시간을 내는 게 쉽지 않은데, SNS에서 모르는 사람들과 잠깐 대화를 나누다 보면 불안하거나 외로웠던 마음이 다시 차분해 질 때가 많습니다. 그러니까 저에게 SNS는 시간을 뺏는 존재가 아니라 벌어주고 있는 존재임이 분명합니다.

회사에서 미래가 보이지 않는데 당장 내야 하는 월세 때문에 그만둘 수는 없고 꿈을 꾸기엔 너무 시간이 없다면, 하루 10분이라도 SNS에서 그 꿈을 펼쳐보길 바랍니다. 사람들의 반응을 보고, 여러 번 실패하고, 보완하기에 그보다 좋은 공간은 없습니다. 시간은 적게 들고, 공간에 대한 사용료도 내지 않으면서 다른 사람들의 피드백과 위로, 공감까지 얻을 수 있으니, 이보다 좋을 수 있을까요!

"내 이상형은 SNS를 하지 않는 사람이야"라는 말은, 어쩌면 이렇게 해석할 수도 있을 것 같습니다. 'SNS를 통해 자신의 삶을 더 성장시키고, 시간을 적립하는 사람이 아니라, SNS에 소중한 시간을 뺏기고, 남과 비교하며, 점점 더 불행해지는 사람은 별로야'라고요. 여러분은 어느 쪽에 속하고 싶으신가요?

베스트셀러로 사람을 만나 보세요

서점에서 얻을 수 있는 세 가지

사람을 직접 만나고 겪고 부딪혀서 나를 다듬는 과정은 정말 중요합니다. 싫은 소리를 듣고, 해보고, 서로의 욕망 중간쯤에서 합의점을 찾는 과정보다 정신과 뇌를 단련하는 것은 없을 것입니다. 그러나 성인이 되고, 자기 일에 집중하는 시기에 다양한 분야의 사람들을 만나고 인사이트와 갈등을 주고받기는 사실상 불가능에 가깝습니다. 나에게 도움이 되고, 내가 도움을 줄 수 있는 사람끼리 어렵게 만났다 하더라도, 친구가 되려고 만난 것이 아니라 서로에게 도움을 주고받기 위해 만난 관계이기 때문에 교집합을 찾을 때까지 소모적인 시간이 필요합니다. 인간관계는 한번 맺고 나면 다시 돌이키기 어렵기 때문에 서로의 교집합을 찾으려다 실패하고, 의미가 없다고 느끼면서도 억지 만남을 유지하며 공허하게 시간을 쓰는 일, 모두가 겪어보셨을 것입니다. 그러나 시간을 그렇게 보내기에 인생은 너무 짧고 소중합니다.

그래서 대안을 말씀드리려 합니다. 무조건 실보다 득이 많을 것이라고 장담합니다. 할 일은 많고, 시간은 없고, 세상이 돌아가는 것을 읽지 못하고 있는 것 같은 고립감이 든다면 일단 서점 베스트셀러 책장 앞에 서 보시길 권해드리고 싶습니다.

저는 20대 초반부터 40대가 된 지금까지 1년에 적어도 서너 번은 서점에 직접 가서 베스트셀러 책장 앞에 섭니다. 살다 보면 갑자기 훅 비는 시간이 생길 때가 있습니다. '뭐하지? 뭐하지? 이 소중한 시간 어떻게 쓰지?' 하는 생각이 들면 누군가를 불러내기 위해 휴대전화를 들여다보기보다는 일단 서점에 가는 편입니다.

일단 종합 베스트셀러 1위에서 10위까지 제목과 프롤로그 정도를 읽고, 인문, 문학, 자기계발 등 각 분야의 베스트셀러 1위에서 10위를 같은 방법으로 스캔합니다. 너무 읽고 싶은 책 두 권, 도저히 이게 왜 베스트셀러인지 이해하기 힘든 책 두 권, 종합 베스트셀러 1, 2위 책 이렇게 여섯 권 정도를 열심히 들춰봅니다. 읽고 싶은 책을 발견하면 두세 권 구입하기도 합니다.

이렇게 책을 사다 보니 공간이 부족해져서 언제부턴가는 전자책으로 보기도 하지만, 여전히 직접 가서 책을 만져보고 사서 들고 오는 행위가 가장 뇌에 각인이 잘된다고 느낍니다. 공간만 허락한다면 꼭 발품을 팔아 원하는 책, 종합 베스트셀러 중 한 권, 왜 잘나가는지 이해가 안 가는 책도 한 권 사서 읽어보시기를 추천합니다.

이런 작업을 취미처럼 1년에 몇 번씩 하다 보면 얻게 되는 점이 세 가지 있습니다.

첫 번째, 내가 좋아하는, 본능적으로 끌리는 책을 읽음으로써 취향을 강화하고 나를 발견하며, 그 안에서 내가 앞으로 나아갈 방향과 할 일을 깨우치는 것.(이것은 누구나 좋아하고 잘할 수 있습니다.)

두 번째, 왜 잘나가는지 이해하기 어려운 책을 읽으며 내 뇌의 아직 계발되지 않은 영역에 자극을 주고 활성화하는 것. 물론 이것은 전자에 비해 고통스러운 작업이지만 나와 전혀 다른 사람을 만나서 이야기하며 새로운 사실과 지식을 얻고, 한 번도 해보지 않은 방식으로 생각하는 방향을 학습하는 것과 같은 이치입니다.

세 번째, 장르와 상관없이 그냥 1, 2위 하는 책을 읽는 것은 세상의 흐름과 트렌드를 볼 수 있는 눈을 장착해 가는 과정입니다. 트렌드나 세상의 변화에 등지고 오로지 나만의 길을 가서 뭔가를 해낼 수 있다고 자신할 수 있는 사람은 많지 않을 것입니다. 특히 우리나라는 세계 그 어느 나라보다도 트렌드와 유행, 다수가 선택하는 콘텐츠에 귀 기울이는 현상이 두드러지는 곳입니다. 트렌드를 알고 내 취향을 알고, 내가 모르는 영역의 지식과 생각을 배워간다면 여러분이 해내지 못할 일은 없을 것입니다.

일회성이 아닌, 인생에 걸쳐 병렬적 독서를 하며 베스트셀러 책장에 자주 가서 책을 살펴보는 것을 반복해 보시기를 추천합니다. 이 방법은 여러분의 인생에 그 어떤 마이너스도 가져다주지 않을 것이라고, 오로지 이득만 챙길 방법일 것이라고 자신합니다. 서점에서 맛있는 커피를 한 잔 마시고, 향 좋은 디퓨저도 하나 골라 오는 것은 덤입니다.

서점을 사랑하고 책을 사랑하는 것은 그저 사람을 만나고 사랑하는 다른 방식입니다. 술집에서 자주 보는 친구와 자주 하는 대화도 좋지만, 이제 가끔은 서점에서 새로운 사람들의 이야기를 들어 보세요. 사람을 만나 인사이트를 얻는 인생의 시간을 대폭 줄이고 더 입체적인 사람으로 성장할 수 있습니다. 술 마시며 친구 만나는 시간을 늘리면 내장지방이 늘어나지만, 책장을 만나는 시간을 늘리면 언젠가 나의 인사이트를 담은 책이 그 베스트셀러 책장에 들어갈 수 있을지도 모릅니다.

책 속에 답이 있다는 말

독서의 두 가지 순기능

다독을 권장하는 말을 우리는 귀가 닳도록 들어왔습니다. 저는 예전부터 '책이라는 게 결국 사람이 자기 생각을 정리한 것이니 말이 다 다를 텐데 왜 책 속에 답이 있다고 하는 거지?' 하며 다독의 중요성에 대해서 의문을 품어왔습니다.

어린 시절의 다독이 뇌 발달에 좋다는 것은 과학적으로 이미 검증된 팩트이지만 성인이 되어서까지 굳이 다독을 해야 하는지 항상 궁금했습니다. 독서를 좋아하면서도 독서는 재미나 쾌락을 위한 일이지, 독서가 내 직업적 성취나 미래에 큰 도움을 준다는 생각은 하지 않았습니다. 글자를 읽기 시작한 초등학생 때부터라고 생각하면 독서를 30년 이상 했는데 이제야 저는 책 속에 답이 있다는 말의 진짜 의미를 알 것 같습니다.

제가 생각하는 독서의 첫 번째 순기능은 독서가 '자기 생각을 강화할 수 있는 도구'로서의 작용한다는 점입니다. 20대에는 '다독을 해서 많은 사람의 이야기를 듣고 내 생각이 맞는지 검증해야지'라고 삐딱하게 독서의 중요성을 인식했는데 이제는 반대로 독서야말로 내 생각과 판단을 강화하고, 나를 열렬히 지원해 줄 수 있는 도구라고 생각합니다.

예를 들어 보겠습니다. 사업하고 싶은 사람과 안정적인 직업을 추구하는 사람이 있습니다. 주변 사람들의 조언은 "인생 한 번 사는 거, 사업 한번 해봐!", "어휴, 직업은 안정적인 게 최고야. 너 지금까지 모은 돈 사업하다 다 날려봐야 정신 차리지?" 등으로 나뉩니다. 누구의 말이 맞을까요? 당연히 정답은 없습니다.

다수의 말을 따르겠다고 결심했다면 표본이 최소한 백 명 정도는 되어야 의미가 있을 텐데, 그들을 다 만나 사정을 공유하고 조언을 들으려면 엄청난 시간이 듭니다. 낭비적이고 소모적입니다. 그런데 독서는 사실 많은 사람의 의견을 듣고 다수의 의견이나 중용을 찾아가는 것과 거리가 있습니다. 어쩌면 구조적으로 굉장히 편향될 수밖에 없습니다. 내 눈으로 제목을 보고, 내 손으로 고르는 책이니까 당연히 이 책은 내 편, 내 생각에 가깝겠죠. 사업을 하고 싶은 사람은 '도전하라. 성취하라. 사업을 시작해라' 하는 종류의 책만 살 것이고, 안정적인 직업을 원하는 사람들은 성공한 사업가의 책보다는 안정적 급여를 받는 공무원, 교수님의 책을 더 많이 읽을 것입니다. 그러니 책 속에 답이 있다는 말은 결국, '당신 자신 속에 답이 있다'라는 말과 같은 의미였던 것 아닐까요. 뭔가를 결정하는 데에 있어 천군만마를 얻는 것. 내 취향대로, 내가 원하는 이상향에 가까운 사람들이 쓴 책을 읽는 것, 그것이 독서니까요.

제가 꼽은 독서의 두 번째 순기능은 '시간을 아껴주는 만남'으로 작용한다는 점입니다. 누군가를 만나 그의 인사이트를 들으려면 최소 열 번 이상은 만나고 이야기를 나누어야 합니다. 처음 만난 사람에게 인사이트를 말하는 사람도 없고, 인간관계라는 것은 '친목'이라는 과정을 먼저 거친 다음에야 '인사이트의 공유'가 이루어지기 때문입니다.

책은 그렇지 않습니다. 누군가에게 꼭 공유해 주고 싶은 이야기. 도움이 될 것 같은 이야기. 내가 겪어보고 정말로 인생에서 가장 중요하다고 느끼는 것들을 글로 써서 만드는 것이 책입니다. 아마 제 친구나 가족도 제가 쓴 책을 보며 '유나가 이런 생각을 갖고 사는 애였구나?' 할지도 모릅니다. 가족이나 친한 친구라도 이렇게 깊은 이야기들을 전부 나누며 살기엔 우리에게는 시간이 부족합니다. 다독은 그래서 무조건 도움이 됩니다. 어린 시절 친구, 사업 파트너, 내 가족처럼 소중한 사람은 그 무엇과도 바꿀 수 없지만, 무의미한 사람 열 명을 사귀는 것보다 내가 정말 관심 있는 분야의 좋아하는 사람이 쓴 책 열 권을 읽는 것이 훨씬 많은 인사이트를 얻는 방법입니다.

위에서 언급한 독서의 두 가지 기능을 잘 활용하시길 바랍니다. 뭔가를 시작하고 싶은데 주변에서 아무도 편이 되어주지 않을 때, 누군가와 술 한잔하며 인생 조언을 듣고 싶을 때, 독서는 바로 그때 무조건 여러분의 삶을 더 나아지게 할 것입니다.

'글쓰기'가 나를 살렸습니다

저는 글을 쓰는 사람입니다

변호사이고 작가라고 하면 많은 분이 '대단한 사람' 범주에 저를 넣어주시곤 합니다. 사실 저는 대단한 사람과 아주 거리가 멉니다. 그런데 난다 긴다 하며 공부를 월등하게 잘한 사람, 타고나게 멋진 문장력을 가진 사람들만큼이나 제가 충분히 스스로 만족하는 인생을 살게 만들어 준 것의 중심에는 '글쓰기'가 있었습니다.

힘들 때 절 매번 일으켜 준 것도, 부족한 재능의 간극을 채워준 것도, 살고 싶은 삶을 살게 해준 것도, 누군가에게 진심을 전달한 것도 모두 이 글쓰기 덕분입니다. 감사하게도 대단하다는 말을 자주 듣고 있지만 저는 '대단한 사람'이 아닌 '글 쓰는 사람'이라고 저를 칭하고 싶고, 여러분에게도 글쓰기가 얼마나 좋은지 자꾸만 얘기하고 싶습니다.

20대에 개업을 하고 막막해서 마음이 고요히 무너지는 날이 이어졌습니다. 사건은 오지 않고, 월세와 직원 월급은 계속 나가고, 앞이 보이지 않았습니다. 영업하려면 나가서 술도 마시고 골프도 쳐야 한다는데 술을 한 잔 이상 하지 못하고, 몸이 약해 저녁 약속을 잡으면 다음 날에는 반드시 몸살이 났습니다. 골프 레슨은 비싸서 받을 여유도 없었고, 한 번 골프를 치러 나가면 하루가 다 지나가는데, 그렇게 비효율적인 영업을 할 생각도 전혀 없었습니다. 대신에 그냥 매일 글을 썼습니다. 아니, 그것밖에 할 수 있는 게 없었습니다.

날마다 절박하게 글을 썼습니다. 아침 아홉 시부터 저녁 여섯 시까지 빈 사무실에 혼자 덩그러니 앉아 세상에 알렸습니다. '나라는 이혼 변호사가 있다', '사건에 진심이고 정말 잘해보고 싶다'라고 하루도 빠짐없이 블로그에 글을 6개월 정도 썼을 때부터 제 눈에서 흐르던 눈물이 드디어 멈췄습니다. 고객들이 찾아오기 시작한 것입니다.

몇 년 후에는 블로그에서 SNS로 자리를 옮겨 또 매일 자투리 시간마다 글을 썼습니다. 그 글은 저에게 어마어마하게 많은 고객을 불러오고, 넘치는 기회를 주었고, 소통을 할 수 있는 창구가 되어주었습니다. 무엇보다도 정말 많은 분과 소통하며 좋은 피드백을 받아 지친 제가 제 일을 더 많이 사랑할 수 있게 해주었습니다.

일을 위한 글쓰기 외에, 저를 살리기 위한 글쓰기도 계속했습니다. 책을 쓰고, SNS에 글을 쓰고, 대본을 쓰고 틈만 나면 계속 손가락을 움직였습니다. 일로 인한 스트레스와 고통도 글에 모두 털어버리고, 뇌를 시원하게 비우고 잠들었습니다. 개운한 마음으로 깊게 잠을 잤더니 바닥을 쳤던 정신건강도 점점 회복되었습니다. 글쓰기는 어려운 순간마다 저를 살렸고 지금도 여전히, 저를 살려내고 키워주고 있습니다.

몇 달 전 제게 가족을 떠나보내야 하는 일이 있었습니다. 그간 쌓아온 제 인생 데이터를 통해 지금 바로 글을 써야 한다, 아니, 글은 항상 써왔으니까, 평소보다 더 써야 한다는 것을 바로 알 수 있었습니다. 그래서 이 책을 쓰기 시작했습니다. 지금 저는 다행히, 그리고 역시나 몇 달 전의 저보다 훨씬 살아나 있습니다.

누군가를 만나 이야기하며 속내를 털어놓고, 술을 마시

고, 감정을 쏟아내고 싶은 날들도 있었지만, 그것은 결국 힘들어진 몸이 다시 정신을 악화시키는 악순환이 될 수도 있다는 생각에 외로워도 슬퍼도 지난 몇 달, 운동하고, 글 쓰고 그 두 가지만을 계속했습니다.

기존 SNS와 달리 '글쓰기' 기반의 SNS인 스레드에도 즐겁게 글을 썼습니다. SNS를 하는 시간, 아니, 내 글을 쓰고 다른 사람의 글을 읽는 일상에서의 짧은 시간이 저의 시간을 뺏는 것이 아니라 시간을 벌어줄 것을 알기 때문입니다.

혹시 제 글을 읽으면서 '좋겠다. 나는 글을 잘 못 쓰는데…'라고 생각하는 분이 있다면 꼭 얘기해 드리고 싶습니다. 좋은 글은 '잘' 쓴 글이 아니라 '절박하게, 진심으로' 쓴 글이라고요. 글 쓰는 능력이나 재능과 무관하게 '진심으로 쓰기', 우리 모두 할 수 있지 않을까요?

나를 잘 알면
시간을 벌 수 있습니다

'나'에 대해 적어보세요

20대에 다양한 사람을 만나며 나를 찾아가는 작업은 참 중요합니다. 이때 자기 자신을 알아가겠다는 지향을 갖고 사람을 만나는 사람과, 그저 혼자 있는 게 힘들어서 타인에게 의지하며 시간을 보낸 사람이 각자 30대가 되었을 때의 삶은 많이 다릅니다.

전자는 서른이 넘어가면서 점점 외로움을 덜 느끼고, 고독을 즐기며, 당연히 자기 일에 몰입하는 시간이 늘기 때문에 성취의 측면에서 훨씬 속도가 납니다. 후자는 30~40대가 되어도 끊임없이 타인을 필요로 하며, 자신을 알아가려는 노력 대신 타인을 알아가고 자신을 바꾸려고 노력하게 됩니다. 채워지지 않는 사랑을 타인에게 점점 갈구하고, 애정과 인정, 사랑을 타인에게 찾으려다 보니 미움받을 용기가 없기 때문입니다.

30대 초반의 저는 자기 취향과 감정의 방향성, 가치관, 삶의 우선순위 같은 것을 잘 알고 있는 사람을 참 부러워했습니다. "넌 뭘 좋아해?"라는 질문을 많이 하는 저와 달리 "난 이게 좋더라. 저게 좋더라" 하고 자신의 취향을 맘껏 드러내는 사람에게서 큰 매력을 느꼈습니다. 결국 자기 자신을 잘 알고, 사랑하고, 드러내면 타인이 그 사람에게 매력과 호감을 느끼기 때문에 또 타인에게 받고 싶은 사랑과 인정 욕구까지 자연스럽게 채워진다는 것을 알게 되었습니다.

그러나 저는 감정이 요동치고, 이성이 희미해질 때마다 내가 왜 이러는지, 나는 뭘 추구하는 사람인지에 대한 답을 내리지 못했습니다. 30대 초반에서 중반까지 답답하고 때로는 우울한 감정을 느꼈습니다. 그래도 나를 알아가려는 노력을 멈추지 않았고, 좀 늦었지만 30대 중후반에 들어서서야 스스로를 이해하기 시작했습니다. 더 빠른 사람이 있고, 더 늦은 사람도 있겠지만 속도는 다르더라도 방향성만큼은 자신을 향해야 한다는 확신을 꼭 가지셨으면 좋겠습니다.

마흔을 넘은 지금, 이제는 저에 대해 말할 수 있는 것들이 많아졌습니다. 어제는 업무를 마치고 귀가(육아 출근) 전에 두 시간이 남았습니다. 계획한 일을 모두 마쳤기 때문에 다른 일을 미리 할 수도 있지만, 이제 저는 절대 그런 행동은 하지 않습니다. 두 시간이라는 귀한 오늘의 시간을 정말로 나를 위해 행복하게 쓸 줄 알고, 뭘 해야 빨리 행복해지는지 알며, 제 기분을 컨트롤하는 데에 전문가가 되었기 때문입니다.

어제는 다섯 시간 동안 다섯 명의 내담자가 제 앞에서 울었습니다. 저도 힘들었던 상담을 마치고 그들의 우울감과 마음속 고통을 가슴에 감춘 채로 강박적으로 다른 일을 쳐내려고 하는 것보다는 주어진 두 시간 동안 마음과 생각을 비운 다음 아이들을 만나러 가면 육아를 하는 시간도 더 즐길 수 있다는 것을 이제는 알고 있습니다. 그래서 예술의 전당으로 가서 오디오 가이드를 끼고 설명을 들으며 「마르크 샤갈 특별전」을 한 시간 봤고, 디카페인 플랫 화이트를 사서, 사람이 아무도 없는 곳에서 멍하니 앉아 숨만 쉬는 시간을 보냈습니다.

그제야 이렇게 쫓길 만큼 해야 할 일이 있다는 것, 그 일이 내가 오랜 시간 원했던 일이라는 것, 약간의 고민이 있으며, 내가 누군가를 완전히 이해할 수 없고, 이해받을 수 없다는 것을 나도 알고 있다는 것, 집에 나를 기다리고 있는 아이들이 있다는 것이 얼마나 감사한 일인지 또 숨을 고를 수 있게 되었습니다. 어제의 값진 경험으로 토요일인 지금, 이 글을 쓸 마음의 여유와 시간이 생겼습니다.

저는 이제 저 자신에 대해 단숨에 A4용지 50페이지도 채울 수 있을 것 같습니다.

저는 알고 보니
물건보다 경험을 소비하는 것을 좋아하고
얼굴보다 이름이 알려지는 것을 좋아하고
가족이나 지인이더라도 약간의 거리감을 두는 것을 중요하게 생각하며
누군가를 웃게 할 때 가장 쓸모 있음을 느끼고
피해보다 가해하는 느낌을 받을 때 가장 고통스러우며
아이들이 나에게 사랑한다고 얘기해줄 때보다 나를 믿어주는 느낌을 받을 때(비밀 얘기를 해주거나 가장 소중한 것을 맡길 때) 행복감을 더 크게 느끼며
갖고 태어난 것보다는 내가 노력해 이룬 것의 과정에 대해 칭찬받을 때 가장 큰 성취감을 느끼며

작은 것에 쉽게 행복해지지만 쉽게 무너지기도 하고
조금도 소통이 되지 않을 때 때 숨이 막히는 듯한 느낌을 받으며
온몸의 신체기능이 떨어지며
내가 좋아하는 것을 누군가와 함께할 때보다
누군가가 좋아하는 것을 내가 함께하며 리액션할 때 더 기쁨을 느끼고
유명보다는 유능해지고 싶은 사람이었습니다.

여러분은 어떤 사람인가요?
치열하게 알아 가고 있나요?

시간 관리 앱보다 마음 관리

나의 방향성 찾기

시간을 잘 관리하는 사람에게 어떤 시간 관리 앱을 쓰는지, 어떻게 계획을 세우는지 묻는 경우가 많습니다. 그런데 시간 관리는 결국 마음 관리이기 때문에 어떤 앱을 쓰는지보다는 내가 어떤 '의도'와 '방향성'을 갖는지가 더 중요합니다.

"선생님처럼 좋은 대학 가려면 하루에 몇 시간 공부해야 해요?" 고등학교 2학년 때 한 선생님께 질문을 했습니다. "유나 너는 너무 많이 자! 잠을 줄여야 해"라고 대답하실 것 같아 가슴이 두근거렸는데, 선생님은 이렇게 말씀하셨습니다.

"공부는 몇 시간 동안을 했는지보다, 의도intension와 긴장감tension을 얼마나 가지고 했느냐가 훨씬 더 중요해. 심지어 지능보다 그게 더 중요해."

이 말은 제가 살아오면서 계속 되뇌는 명언 중 하나가 되었습니다. 지금 하는 일을 왜 하고 있는지, 나는 어디로 가고 있는지 의도를 가지고, 그 의도에 따른 긴장감을 가진다면 오랜 시간 앉아서 의무적으로 일하는 것보다 훨씬 더 빠르게 여러분이 원하는 삶으로 갈 수 있습니다.

긴장과 의도를 갖는 것. 시간 관리와 마음 관리를 위해서 내가 원하는 삶을 이미 살고 있는 사람들의 책이나 글, 동영상을 찾아봅니다. 이것이 시간 관리 앱보다 중요한 마음 관리입니다.

저는 변호사가 되고 싶었는데, 주변에 아는 변호사가 한 명도 없었습니다. 그래서 여성 변호사가 주인공인 미국 드라마, 변호사들이 나오는 방송을 찾아보며 저를 계속 변호사들에게 노출시키며 마음을 관리했습니다. 하루 종일 공부하고 나서 자기 전 「엘리 맥 빌Ally McBeal」을 보면 그렇게 행복할 수가 없었습니다. 내가 지금 드라마 속의 저 여성에 한 발짝씩 가까워지고 있다고 생각했으니까요. 그러면 다음 날 저절로 공부 시작 전에 '긴장감'이 올라왔습니다. '정신 차리자! 오늘 집중하지 않으면 꿈꾸는 곳으로 갈 수 없어' 하면서요.

회사를 시작했을 때는 성공한 기업인들의 책, 영상을 찾아봤습니다. 김승호 회장님의 『사장학개론』, 데일 카네기의 『인간관계론』, 켈리 최님의 『파리에서 도시락을 파는 여자』와 같은 책들에 저의 뇌를 자꾸 노출했습니다. 그래서 어떤 선택을 할 때 중심을 잡을 수 있었습니다. 당장에 눈앞의 돈을 끌어당기는 것이 경영이 아니라 지속 가능한 회사를 만들고 브랜딩하는 것이 훨씬 중요하다는 사실도 알게 되었고, 10년 이상 회사를 운영하며 항상 중심 가치를 잃지 않을 수 있었습니다.

드라마를 쓰면서는 자기 전에 사람들이 인생 드라마라고 하는 드라마들을 모조리 찾아 2배속으로 보거나(보는 드라마의 양을 늘리기 위해서), 드라마 작가분들이 집필한 작법서들, 드라마 작가님들이 나온 유튜브 영상 등을 계속 찾아봤습니다. 그것이 제게 끊임없이 의도와 긴장을 갖게 해주었고, 이것들이 저의 마음 관리 방법입니다.

이 책을 쓰는 최근 몇 개월은 아이들이 자는 시간에 『딥 워크』, 『일의 격』, 『나는 4시간만 일한다』 등 일에 대한 책에 집중했습니다. 자기계발서에서 하는 이야기들이 비슷하게 느껴질 수 있지만, 조금이라도 차별점을 두고 나만의 방법을 이야기하고 싶었기 때문입니다.

사람은 나를 어디에 노출하는지에 따라서 계속 변합니다. 그러니 내 마음과 뇌를 좀 더 효율적으로 쓰고, 긴장과 의도를 계속 가져서 몰입도를 높이기 위해 자신만의 마음 관리 방법을 찾아보세요. 나에게 맞는 마음 관리법, 어떤 게 있을까요?

나의 부모가 되어주세요

공복 혈당 변화시키기

저는 어릴 때부터 육류를 별로 좋아하지 않았습니다. 턱이 발달하지 않아 씹는 것도 싫어했습니다. 아삭거리는 식감의 채소나 과일, 질긴 고기를 씹으면 턱이 아팠고, 그게 귀찮아서 죽이나 국밥, 스무디, 미숫가루 등 부드러우면서 든든한 음식을 선호했습니다. 부드러운 걸 선호하다 보니 결국 탄수화물을 많이 먹었고, 앉아서 일하는 시간이 많아서 덜 움직이다 보니 점점 혈당이 올라갔습니다. 30대 중반부터는 공복 혈당이 항상 세 자리였습니다(100 이상, 경고 수치).

사실 왜 혈당이 높은지 원인을 알아 내기까지 꽤 오랜 시간이 걸렸습니다. 혈당 검사 결과지를 보고 '아, 난 그냥 유전적으로 혈당이 높나보다. 이제 노화가 시작되나보다' 하고 수동적으로 받아들일 수도 있었지만, 어떻게든 막고 싶었습니다. 물론 유전일 수도 노화의 과정일 수도 있습니다. 그래도 저는 어떻게든 원인을 찾아 바꾸려고 노력하고, 변화를 만들어 내서 5년 후, 10년 후에 조금이라도 나아지고 싶었습니다. 대부분은 바꾸지 않으면 그대로 있는 것이 아니라, 더 나빠지고 쇠퇴하기 때문입니다.

자투리 시간이 날 때마다 혈당에 관한 글을 하루에 5분이라도 읽었습니다. 혈당에 대해 검색하다 보니 SNS 숏폼 알고리즘도 계속 혈당이 오르는 이유, 혈당을 낮추는 법으로 세팅되었습니다. 혈당에 좋은 정보를 주는 의사분들의 SNS를 틈만 나면 팔로우했더니 계속 혈당 낮추는 방법이 노출되었습니다.

목표지향적이고 성격이 더 급했던 예전의 저였다면, 매일 건강 식단을 하고, 하루 한 시간 이상 고강도 운동을 한다 등의 당장 지킬 수 없는 계획을 세우고, 작심 3일 후 나에게 실망한 다음 원래대로 탄수화물을 많이 먹는 식단으로 돌아갔을 것입니다. 이번에는 무리한 계획을 세우는 대신 의사분들이 주는 지침 중 지킬 수 없는 것과 지킬 수 있는 것을 구분해 보았습니다.

매일 고강도의 업무를 하며 지킬 수 있는 것은 어떤 음식을 먹더라도 채소, 단백질, 탄수화물 순으로 먹는 것과, 숟가락을 놓자마자 10분가량 몸을 움직이는 것이었습니다. 일단 이것만 지키기로 했습니다. 정말이지, 어디서 뭘 먹든 그 법칙을 지키려 하였습니다. 하다못해 짜장면을 먹으러 가서도 (단무지에 액상과당이 많이 들어 있어서 순서가 맞는지 확신은 없지만)단무지, 달걀, 면 순서로 먹었습니다. 백반집에서는 시금치, 콩나물국 속의 콩나물, 채소 반찬부터 먹고, 찌개 속의 두부를 건져 먹으며 식사 시작 10분까지는 탄수화물에 손을 대지 않았습니다.

그리고 숟가락을 놓으면 잠시 스쾃을 하든 어딜 잠깐 나갔다 오든 딱 10분이라도 움직였습니다. 3년 정도가 지나니 완전히 습관으로 자리잡았고, 혈당이 떨어지기 시작했지만 여전히 공복혈당은 크게 움직이지 않았습니다. 그 다음엔 운동을 좀 더 열심히 하기 시작했고, 이제는 주 3회 헬스장에 가는 것이 저의 습관으로 자리 잡았습니다. 마흔이 넘어서 한 첫 건강검진에서 드디어 공복혈당이 두 자릿수로 떨어진 것을 확인했습니다. 정상 수치까지, 5년이 걸렸습니다.

그냥 원래대로 살았다고 해도 5년 안에 당뇨 판정을 받지는 않았을 가능성이 더 큽니다. 그러나 저는 굉장히 많이 변화하였습니다. 20대에도 가지고 있던 뱃살이 없어졌고, 4년째 20대 때와 같은 몸무게를 유지하고 있습니다. 그리고 채소, 단백질, 탄수화물 순으로 먹는 식습관을 평생 더 이상 별 노력 없이 아주 자연스럽게 해나갈 자신이 생겼고, 최근엔 운동의 즐거움까지 깨달았습니다. 그러니 5년 전 혈당 수치를 보고 먹은 마음, 그냥 못 본 척 넘어가지 않은 의지, 수년 동안 지킨 별것 아닌 습관이 저의 인생을 바꿔준 셈입니다.

변화는 나만 만들 수 있다

사람에게는 타고난 것(기질, 입맛, 외모 등)과 후천적으로 나의 일부가 된 것(말투, 습관, 가치관 등)이 있습니다. 스무 살까지는 몸과 마음도 성장하고, 어떠한 가정에서 태어났느냐, 어떤 교육을 받았느냐에 따라 변화합니다.

그런데 성인이 된 다음의 사람은 두 부류로 나뉩니다. 지금껏 그래왔듯 마음을 열고 자신을 변화시키기 위해 적극적으로 노력하는 사람, 그리고 지금까지 커온 몸과 마음 그대로 세상에 나를 던지고 수동적인 반응만 하며 그로 인해 발생한 결과적 변화만을 가지고 살아가는 사람. 전자는 자신의 외모, 기질, 가정환경보다는 앞으로 어떤 사람이 되고 싶다는 이상향을 정해놓고 그 방법을 찾아갑니다. 후자는 어떤 일을 하고 찾기보다 어떤 일이 나에게 벌어지는지 방관합니다.

당신은 지금 어떤 삶을 살고 계시나요? 전자가 될 것이냐, 후자가 될 것이냐는 온전히 선택하기에 달려있습니다.

건강을 예로 들었지만, 어디에도 적용할 수 있습니다. 나의 문제나 바꿔야 할 점을 인식했다면 아주 조금씩, 오랜 기간에 걸쳐 수정하다 보면 삶이 달라질 것이라 모두가 꼭 믿어 보면 좋겠습니다. 스무 살 때까지 부모님이 우리를 키워주셨습니다. "이거 해라, 이거 하지 마라, 이렇게 살아야 한다"라고 잔소리하면서요. 그 이후에는 아무도 부모님처럼 말해주지 않습니다.

사회에서 어떤 말을 들었을 때 '왜 저 사람이 나한테 저런 말을 했을까? 내가 뭘 고치면 될까?' 하고 성장하는 사람이 있다면, '난 왜 이 모양일까?' 하며 주저앉는 사람이 있고. 누가 무슨 말을 해도 '저 인간은 왜 저래? 성격 이상하네' 하고 자기 자신을 돌아보지 않는 사람도 있습니다. 나는 어떤 사람인가요?

　이제부터 아무도 도와주지 않습니다. 자라는 것은 본인의 몫입니다. 내게 끊임없이 잔소리하고, 훈육하고, 매일매일 조금씩 고쳐주면서 부모님처럼 다정하게, 조금씩, 천천히 나를 바꾸어 보세요. 당장은 모르더라도 5년 후, 10년 후의 당신은 당신이 좋아하는 모습에 훨씬 더 가까워져 있을 테니까.

여러분이 가장 가깝게 지내는 다섯 명은 누구인가요?

이제부터 아무도 도와주지 않습니다. 자라는 것은 본인의 몫입니다. 내게 끊임없이 잔소리하고, 훈육하고, 매일매일 조금씩 고쳐주면서 부모님처럼 다정하게, 조금씩, 천천히 나를 바꾸어 보세요.

오늘 하루에 집중하면 우린 어디든 갈 수 있습니다.

친구, 지인과의 관계를 유지하기 위해 꼭 자주 함께할 필요는 없습니다. 갑작스럽더라도 왜 오늘따라 그 친구와 꼭 밥을 먹고 싶었는지, 바쁜 일상을 보내다 보니 친구와 자주 보지 못하는 것이 얼마나 아쉬운지 표현한다면 가끔 만나더라도 질 높은 관계를 만들고, 유지할 수 있습니다.

꾸준함을 갖기 위해서는 '한때'의 감정에 취했을 때 얼른 일상을 회복하고, 누군가가 나를 공격했을 때 휘둘리지 않을 복원력이 가장 필요했습니다.

한 번에 잘되는 사람은 없고, 노력하지 않고 운으로 잘되는 사람은 더 없습니다.

회사에서 미래가 보이지 않는데 당장 내야 하는 월세 때문에 그만둘 수는 없고 꿈을 꾸기엔 너무 시간이 없다면, 하루 10분이라도 SNS에서 그 꿈을 펼쳐보길 바랍니다.

여러분은 어떤 사람인가요?
치열하게 알아 가고 있나요?

일회성이 아닌, 인생에 걸쳐 병렬적 독서를 하며 베스트셀러 책장에 자주 가서 책을 살펴보는 것을 반복해 보시기를 추천합니다. 이 방법은 여러분의 인생에 그 어떤 마이너스도 가져다주지 않을 것이라고, 오로지 이득만 챙길 방법일 것이라고 자신합니다.

뭔가를 시작하고 싶은데 주변에서 아무도 편이 되어주지 않을 때, 누군가와 술 한잔하며 인생 조언을 듣고 싶을 때, 독서는 바로 그때 무조건 여러분의 삶을 더 나아지게 할 것입니다.

에필로그

당신에게 성공은 무엇인가요?

SNS에 자신의 월수입을 인증하고, 자신이 거주하는 아파트 브랜드가 자신을 상징하는 것처럼 프로필 사진으로 내세우고, 가방이나 차의 로고가 보이게 셀카를 찍어 올리는 것은 이제 더 이상 특별한 것도 없는 지금 우리 주변의 모습입니다. 정성과 시간과 노력에 대한 보상으로 좋은 물건과 차를 구입하는 것, 그리고 그것을 뽐내는 것은 인간의 본성과 맞닿아 있기 때문에 비판할 생각은 전혀 없습니다. 그것들이 그저 따라오지 않았음을 생각하면 오히려 응원하고 박수를 칠 일이라고 생각될 때도 있습니다.

그러나 아직 꿈이 뭔지, 일하는 즐거움이 뭔지, 내가 왜 일을 하고 있는지에 대한 생각이 정리되기 전의 20~30대 친구들이 물질 자체를 인생 성공의 척도나 목표로 삼는 것만큼은 어떻게든 말리고 싶습니다. 자기 적성과 즐거움을 빨리 찾아냈는데 노력과 운이 더해지면 남들이 말하는 '성공'은 따라옵니다. 그렇지만 자기 자신을 잘 알기도 전에, 남들의 기준에 맞추어 목표를 세팅하면 원하는 삶에 가까워지기 위해 훨씬 더 먼길을 우회해서 가야 할 수도 있습니다.

성공의 법칙은 거의 같지만, 사람이 가진 성공의 기준은 모두 다릅니다. 독자분들이 내가 생각하는 성공한 삶은 무엇인지 꼭 생각해 보기를 바라며, 또 그곳으로 가기 위해서 어떻게 시간을 써야 하는지, 제 경험을 조금이나마 나누고 싶었습니다. 어떤 성공을 원하든 시간을 관리하는 것은 누구나 예외 없이 꼭 해내야 하는 숙제니까요.

제 기준에서의 성공은 '나의 결핍과 부족함을 숨기지 않고 스스로 당당하며, 무엇을 하든 나를 믿는 마음의 상태. 그리고 내가 소중히 여기는 사람들에게 경제적, 정서적으로 도움을 줄 수 있는 상태'라고 할 수 있을 것 같습니다.

몸이 약해서 걱정하는 주변 사람들의 말을 보기 좋게 무시하고 쓸모 있는 사람이 되려고 부단히 애써 왔고 법무법인 대표변호사, 책 두 권을 이미 출판했고 이제 세 번째 책을 쓰는 사람, 시즌 2까지 편성된 드라마 「굿파트너」의 작가, 아들 둘 엄마가 되었습니다. 아직 근육량이 평균에도 못 미치지만, 운동과 식단을 오랜 기간에 걸쳐 습관으로 만들었으니 앞으로는 몸이 더 튼튼해질 것이라는 저에 대한 믿음이 있습니다. 그리고 내 가족, 소중한 친구들이 인생에서 힘든 일을 겪는다면 선뜻 도움을 줄 수 있을 정도의 경제적 능력과 정서적 안정을 이루었습니다. 그러니 지금의 저는 제가 원하는 성공의 모습에 가까워져 있습니다.

"왜 이렇게 욕심이 많아?", "워커홀릭 아니야?", "40대부터는 일을 줄여야 해!"라는 말을 수십, 수백 번 듣지만, 타인이 보는 시선과 관계없이 저는 저 자신이 욕심이 많은 사람이나 워커홀릭이 아니라는 것을 잘 알고 있습니다. 그래서 남의 말에 흔들리지 않고 해명하려고 하지도 않으며, 내가 지금 가는 방향에 대한 의심도 없습니다. 내가 원하는 것을 알고, 원하지 않는 것까지 다 가지려는 욕심을 내려놓았습니다. 지금의 삶에 만족도가 높기에 새로운 것에 대해 항상 열려있고, 거동이 가볍게 살아가고 있습니다.

내가 궁극적으로 가고 싶은 길 외에 다른 길의 작은 기회비용이나 손해에 눈 하나 깜짝하지 않습니다. 불안해서 일하는 것이 아니라 삶의 우선순위를 놓치지 않기 위해 시간을 배분하여 일과 가정을 잘 양립시키고 있고, 가족에게 원망을 듣거나 희생을 강요하고 있지 않으니 워커홀릭은 전혀 아닙니다. 건강이 제일 중요하기 때문에 수면시간을 줄여가며 일하지도 않고, 천천히, 오래, 욕심부리지 않고 꾸준한 성취감을 느끼고 싶고, 행복하고 싶은 사람입니다.

원고를 마감하는 지금, 곧 가을이 오네요. 삶에서 가장 바쁠 것 같았던 올해가 벌써 3개월밖에 남지 않았습니다. 시간 관리를 어떻게 하냐는 사람들의 질문에 대답하는 동시에 그 결과물을 보여드리고 싶어 열심히 글을 썼습니다. 6월에 초고를 완성하고, 글을 다듬고, 추가했더니 다음 주면 9월입니다.

아마 이 책의 제목은 『마일리지 아워』가 될 거 같습니다. 이 글을 읽고 계신다면, 지금 당장 오랫동안 당신의 마음을 괴롭히던 '그 일'을 아주 작게 시작해 보시는 게 어떨까요? 그리고 언젠가 저에게 꼭 후기를 들려주세요.

그럼 마치겠습니다. 독자 여러분을 빨리 만나고 싶습니다.

삶의 격을
높이는
인생 설계의 기술

Mileage

Hour

마일리지 아워
삶의 격을 높이는 인생 설계의 기술
ⓒ 최유나, 2025

초판 1쇄 발행 2025년 11월 26일
초판 5쇄 발행 2026년 1월 5일

지은이 최유나
책임편집 양예주
콘텐츠 그룹 조혜영 전연교 김신우 정다솔 문혜진 기소미
북디자인 R DESIGN 이보람

펴낸이 전승환
펴낸곳 책 읽어주는 남자
신고번호 제2024-000099호
이메일 bookfarmers@thebookman.co.kr

ISBN 979-11-24038-09-3 (03910)

- 북로망스는 '책 읽어주는 남자'의 출판 브랜드입니다.
- 이 책의 저작권은 저자에게 있습니다.
- 저작권법에 의해 보호를 받는 저작물이므로 저자와 출판사의 허락 없이 무단 전재와 복제를 금합니다.
- 이 책의 일부 또는 전부를 재사용하려면 반드시 저작권자와 출판사 양측의 동의를 받아야 합니다.
- 책값은 뒤표지에 있습니다.